LA LEYENDA DE LOS VEINTE AÑOS

CLÁSICOS DE PUERTO RICO
VOLUMEN XII

LA LEYENDA DE LOS VEINTE AÑOS

DE

ALEJANDRO TAPIA Y RIVERA
~ 1874 ~

NUEVA EDICIÓN DIGITAL POR JUAN RAMOS IBARRA PARA
PUERTO RICO EBOOKS

TODOS LOS DERECHOS RESERVADOS. COPYRIGHT © 2015, 2022
EL DISEÑO DE LA PORTADA Y EL DISEÑO DEL LIBRO POR
JUAN RAMOS IBARRA SON PROPIEDAD DE
PUERTO RICO EBOOKS ©.

EL TEXTO PERTENECE AL AUTOR
ALEJANDRO TAPIA Y RIVERA.
TODOS LOS DERECHOS RESERVADOS. ©

ISBN-13: 978-1537065649
ISBN-10: 1537065645

Datos Biográficos del Autor

Alejandro Tapia y Rivera nació un 12 de noviembre de 1826 en la casa de San Francisco de la ciudad de San Juan. Sus padres eran Alejandro de Tapia, Capitán del primer batallón del Regimiento de Infantería de Granada Expedicionario en España y Doña Catalina de Rivera, natural de Arecibo, Puerto Rico.

Estudió los grados primarios en San Juan y fue discípulo del Maestro Rafael. Ejerció un puesto en Hacienda y a raíz de un duelo con un oficial de artillería fue deportado a España. En Madrid (1850 — 52), completó sus estudios literarios y se unió a la Sociedad Recolectora de Documentos Históricos, Relativos a Puerto Rico, que había sido fundada por otros eminentes compatriotas.

Por su obra literaria, se le considera el padre de la literatura puertorriqueña ya que a excepción de la poesía y el cuento fue el iniciador de los demás géneros en la isla, si se tiene en cuenta la cantidad y calidad de su producción.

El primer libro publicado bajo su nombre fue la **Biblioteca Histórica de Puerto Rico** (1854), obra cuya salida demuestra los esfuerzos de aquellos jóvenes amanuenses puertorriqueños, al cual perteneció Tapia, que se dio a la tarea de recopilar en Madrid fuentes de información procedentes de varias bibliotecas y colecciones, de utilidad para el estudio de la historia en la Isla. Dicho volumen fue el primero de su clase en el país y comprende fragmentos de los textos de diversos cronistas de Indias, tales como Fernández Oviedo, Herrera, Laet y una interesante colección de documentos misceláneos correspondientes a los siglos XV al XVIII.

Aunque no constituyó el verso lírico ni fue tan afortunado en este género como en otros, ha dejado un buen número de composiciones, principalmente romances históricos y seguidillas de relativo valor. Entre las más famosas de estas composiciones están las que tituló **El Último Borincano**, romance histórico que recuerda al Duque de Rivas, inspirado en la rebeldía y heroísmo de nuestros aborígenes tainos frente a los conquistadores españoles, **La Hoja de Yagrumo, A Goyita, La Ninfa de Guamaní,** poemas de sabor criollo escritos en seguidillas. Sus mejores versos sin embargo, se encuentran en el largo poema **La Sataniada,** grandiosa epopeya dedicada al Príncipe de las Tinieblas, publicado en Madrid en el año 1878 bajo el pseudónimo de Crisófilo Sardanápalo.

Las piezas más destacadas de su obra son: las novelas y leyendas, **El Heliotropo (1848), La Palma del Cacique (1852), La Antigua Sirena (1862), Póstumo el Transmigrado (1872)** y una segunda parte, **Póstumo el Envirginado (1882), La Leyenda de los Veinte Años (1874), A Orillas del Rhin (1874) y El Pirata Cofresí (1876);** los dramas **Roberto D'Evreux (1856), Bernardo de Palissy o El Heroísmo del Trabajo (1857), La Cuarterona (1867) y Camoens: Drama Original En Tres Actos (1868), Vasco Núñez de Balboa (1872);** las obras biográficas sobre **José Campeche (1854) y Ramón Power (1873); Misceláneas(1880);** el libreto de la ópera **Guarionex**, estrenada en 1854; además de la publicación de conferencias, antologías, cuadros de costumbres, ensayos y un trabajo autobiográfico, **Mis Memorias**, que quedó inconcluso y se publicó póstumamente en 1927.

Ejerció la docencia en el Museo de la Juventud, de Ponce, fue presidente del Ateneo Puertorriqueño y, entre sus muchas condecoraciones y honores, el gobierno de España le concedió la medalla de Caballero de la Real y Distinguida Orden de Carlos III.

Alejandro Tapia fallece el 19 de julio de 1882, como consecuencia de un derrame cerebral que sufrió mientras dictaba una conferencia en el salón principal del Ateneo Puertorriqueño. Después de su muerte, se publicó su último libro, **Mis Memorias o Puerto Rico como lo encontré y como lo dejo (1928)**, en el que presenta aspectos característicos y costumbristas de la vida puertorriqueña del siglo XIX. Esta obra forma parte del currículo de Español del Departamento de Educación de Puerto Rico.

Sus obras destacadas son:
- El Heliotropo (1848)
- La Palma del Cacique (1852)
- Guarionex (libreto, estrenada en 1854)
- José Campeche: biografía por Alejandro Tapia y Rivera (1854)
- Roberto D'Evreux (1856)
- Bernardo de Palissy o El heroísmo del Trabajo (1857)
- La Antigua Sirena (1862)
- La Cuarterona (1867)
- Camoens: Drama Original En Tres Actos (1868)
- Póstumo el Transmigrado (1872)
- Vasco Núñez de Balboa: biografía por Alejandro Tapia y Rivera (1872)
- Ramón Power: biografía por Alejandro Tapia y Rivera (1873)
- La Leyenda de los Veinte Años (1874)
- A Orillas del Rhin (1874)
- La Sataniada (1874)
- El Pirata Cofresí (1876)
- Misceláneas de Alejandro Tapia y Rivera (1880)
- Póstumo el Envirginado (1882)
- Mis Memorias por Alejandro Tapia y Rivera (1927)

Dedicación

A José Julián Acosta

Nuestra amistad nació en la escuela, nuestros veinte años corrieron casi a la par, y como ya comenzamos a vivir solo de recuerdos, justo es que no te olvidé al trazar, a mi manera, *La Leyenda de los Veinte Años*, y que la dediqué a mi querido condiscípulo, a mi fraternal amigo de la infancia y de la juventud.

Acaso peque de presunción; pero creo que no serán pocos los que tropiecen en este librito con algún rasgo de su primavera: y aunque pasaste la tuya entregado con afán a graves estudios, ardiente amor que te ha llevado al saber y que ha podido luego dar sobrados frutos, no dejarás de hallar también algo de tus veinte años en esta leyenda.

La he localizado en nuestro país natal, porque en él pasaron los míos, y existe por consiguiente cierto común interés para mi corazón, entre mis impresiones de aquella edad y los lugares donde se produjeron: he obedecido en esto a personales afecciones, y creo que tal preferencia es disculpable.

Quizá, como trazado a vuela pluma este juguete, habiendo tenido por única corrección la que he podido darle sobre los plomos de la imprenta, no esté exento de cierta vaguedad, de alguna ligereza. Por fortuna, ésta no dejará de armonizarse un tanto con la naturaleza del asunto, es decir, con la edad que he intentado describir, y contribuirá a que resalte algo más lo espontáneo de unas páginas escritas con la sonrisa en los labios y con un eco de la primera juventud en el corazón.

Acepta pues como memoria de nuestra cariñosa amistad este recuerdo, también asociado a tí, como lo estúvieron nuestra infancia y nuestra juventud

Siempre tu mismo amigo,

Alejandro

Prólogo

A los veinte años todos somos pintores. Hermosa paleta que solo contiene: azul para pintar los cielos que llevamos en nuestra mente, rosa y oro para; las auroras, que como tales se nos representa la vida, y blanco, para ornar con manto de serafín a la mujer que más o menos bella, puebla de ensueños nuestra fantasía y hace palpitar nuestro corazón.

Eduardo está en aquella época feliz. Vive en una ciudad pequeña; pero a su edad todas son bellas y populosas. Mas aún: no hay novela de su tiempo, que al devorarla él con ávida mente, no quede localizada por su imaginación en la ciudad nativa. Siendo ésta la de Puerto Rico, no hay lugar en ella que, aunque de la manera más absurda, no imagine como teatro de algunas de las escenas que en las referidas novelas se representan.

Así el castillo del Cañuelo es para su mente el famoso de Munckolm que tanto figura en Han de Islandia; en la Catedral cree ver a Claudio Frollo deslizándose durante la noche por su átrio solitario, y a Cuasimodo en lo alto de la torre buscando en las tinieblas, con su ojo único, la sombra de la Esmeralda. Más adelante, San Cristóbal es para su imaginación aquel castillo poético, en que Macías exhalaba prisionero sus amorosas cántigas; la plaza de Santiago le retrata aquel Prado madrileño en donde se imagina las escenas de los tiempos de Gil Blas de Santillana; en tanto que la serena bahía con sus manglares verdes y las selvas en lontananza, represéntale, ya los lagos de Suiza, que se figura muy risueños, ya el sombrío Támesis, cuando el manto de la noche comienza a cubrirla. Así pues, no existe calle, plaza, ni espacio en la ciudad y sus contornos, de que no ha salido nunca, que no le recuerde algún pasaje o lugar de sus lecturas. Y todo esto, por disparatado que sea, no es menos verdadero ante sus ojos, ni menos bello y apasionado para su mente que tal lo sueña.

Pero como no hay veinte años sin amor, o mejor dicho, amores, porque semejante época de la vida es una primavera y en tal estación las flores abundan; Eduardo ama, o cree amar, siendo ésta para él, la cosa más natural, necesaria y bella del mundo.

Índice

Datos Biográficos del Autor	5
Dedicación	8
Prólogo	9
Índice	10
Capítulo I	**14**
En que se verá que la cena mas sabrosa para dos amantes es una platiquilla a la luz de la luna.	14
	14
Capítulo II	**19**
De cómo nuestro mozo vagando y cavilando, va a parar a cierto barrio en que ninguno de los lectores quisiera encontrar posada.	19
	19
Capítulo III	**22**
En que volveremos a dar con nuestro mozo y en que se verá, que al que madruga, Dios le ayuda.	22
	22
Capítulo IV	**25**
Veamos	25
	25
Capítulo V	**28**
En que se trata de la dama del coche.	28
	28
Capítulo VI	**30**
De cómo se puede estar en un teatro sin darse cuenta del espectáculo.	30
	30
Capítulo VII	**33**
En que podrán ver los curiosos que cuando Satanás se hace mujer, suele aparecer como muy bello.	33
	33
Capítulo VIII	**36**
Escena de amor que siempre habría concluido más o menos como concluye.	36
	36

Capítulo IX
Del sueño que tuvo Eduardo con lo que creía no sentir despierto. — 40

Capítulo X
En marcha de nuevo hacia la bella casita misteriosa. — 42

Capítulo XI
Ya estamos dentro, y a ver qué vemos. — 46

Capítulo XII
De como puede ser peligrosa la observación de las ajenas cuitas. — 49

Capítulo XIII
Entrevista de Eduardo con un amigo predilecto. — 53

Capítulo XIV
El dúo se cambia en trío y termina cómo se verá. — 57

Capítulo XV
De como el trío se trocó en cuarteto. — 60

Capítulo XVI
Donna di primo cartello. — 63

Capítulo XVII
Entradas y salidas. — 65

Capítulo XVIII
Adiós... hasta... ¡quién sabe! — 68

Capítulo XIX
En compendio. — 74

Capítulo XX
Continúa el compendio. — 78

Capítulo XXI	81
De cómo por donde se va puede volverse.	81
	81

A Orillas del Rhin 88

Capítulo I	88
Capítulo II	89
Capítulo III	93
Capítulo IV	95
Capítulo V	98
Capítulo VI	103
Capítulo VII	107
Capítulo VIII	109
Capítulo IX	112

El Heliotropo 120

Capítulo I	120
Capítulo II	122
Capítulo III	123
Capítulo IV	124
Capítulo V	125
Capítulo VI	126
Capítulo VII	127
Capítulo VIII	128
Capítulo IX	130

Gracias	132
Colección Clásicos de Puerto Rico	133
El Pirata Cofresí	133
La Palma del Cacique	134
La Charca	135
Leyendas Puertorriqueñas	136
Costumbres y Tradiciones de Puerto Rico	137
Cuentos y Narraciones de Puerto Rico	138
Hermosos Poemas Clásicos de Puerto Rico	139
La Peregrinación de Bayoán	140

José De Diego ~ Hermosos Poemas	141
El Gíbaro	142
Terrazo	143
La Leyenda de los Veinte Años	144
El Heliotropo	145
Leyendas Americanas	146

Una Temporada Para Todo   147

Capítulo I

EN QUE SE VERÁ QUE LA CENA MAS SABROSA PARA DOS AMANTES ES UNA PLATIQUILLA A LA LUZ DE LA LUNA.

La luna embellece el cielo y la ventana en que Elvira platica con Eduardo. Al mencionar el astro de la noche, no lo hacemos porque presencie ocioso el cuadro en que dos amantes se juran con la mejor fe del mundo, lo de siempre: amor eterno coronado de primaveras aquí abajo y de venturas celestes en todos los orbes imaginables; sino porque plateando nuestro satélite aquella ventana, como acabamos de decir, derrama sobre la faz de Elvira, el más seductor encanto.

De buena gana mentaríamos la calle en que esto pasa; pero como en todas ellas hay ventanas apropiadas a los amantes coloquíos; puede el lector, si es joven sobre todo, escoger la calle y, aún la ventana que, para el caso más de su gusto fueren.

Es Elvira una simpática trigueña de los trópicos, con ojos de andaluza; de cuyos labios, más rosados que purpurinos, sale la palabra con aquel deje blando, que presta especial carácter a su tipo, suave como se mece al viento de la tarde la hoja del plátano, y dulce como la miel que de las cañas se destila.

Con formas de ninfa y talle de palma real, enjuto y breve el arqueado pie, con bien modelada mano y por coron. dos trenzas de ébano, sedosas y abundantes, que cayendo a lo largo de su espalda le llegan casi, casi a los talones, es bella y lánguidamente graciosa, como la española hija de los trópicos. Y si es tan bella y graciosa para los indiferentes ¿qué no habrá de ser para Eduardo que la mira con los ojos del amor y con la imaginación de la edad de oro? Aún cuando hubiese sido menos hermosa y hasta un tantillo fea, habríala parecido hada o ángel que no mujer.

Contempla en aquel momento a Eduardo con ojos en que rebosa la ternura de su alma, y el amartelado mozo, besando una de aquellas manos hechiceras, que ella retira con la presurosa lentitud de las enamoradas; "te amo", — le dice — como el alma triste a esos rayos de luna que le consuelan, como el solitario al pajarillo que viene a darle compañía, como el viajero a la luz que allá entre las sombras de la noche, le brinda con el suspirado albergue. ¿Me amas lo mismo?

ELVIRA. — ¿No te lo dicen mis ojos? ¿No te lo expresa el silencio cariñoso de mis labios? ¿Para quién tengo yo estas miradas ni estas sonrisas?.

EDUARDO. — Dices bien: soy el más dichoso de los hombres, puesto que a todos me prefieres. ¡Como rabiaron tus amigas al verte tan hermosa en el último baile, y cuanto gozé al oír los elogios que a tu hermosura y virtudes, jóvenes y viejos prodigaron! Ganas me daban de decirles: ¿La veis tan hermosa, la juzgais tan buena? Pues es mía, me ama y la amo.

ELVIRA. — ¿Me amarías lo mismo cuando me viesen como soy, es decir, que ni hiciese rabiar a las unas, ni encantara a los otros?

EDUARDO. — Lo mismo, lo mismo, Elvira mía. ¿Necesita acaso mi amor de la vanidad? Eso es ofenderle, es dudar de mí.

ELVIRA. — ¡Como eso acontece a tantos!

Elvira tiene razón. El amor a los veinte años es desinteresado y vanidoso a un tiempo, constante y voluble a la vez, según el viento que sopla.

La avidez de emociones, la afición a novedades, tan propio todo ello en la primera juventud, se opone a la firmeza; y como la realidad se indigesta a la soñadora fantasía, se viene a dar en aquel revoloteo de la mariposa, en torno de una llama que con hechicero engaño nos atrae y nos quema. Y si luego como el fenix, renacemos de nuestras cenizas, no será ciertamente para dejar de abrasarnos otra vez.

Ni es en aquellas mocedades la virtud de la mujer, lo primero para nosotros. Deslumbrados por la hermosura, que nos absorve como único merecimiento; ante la habilidad de la coqueta hermosa, somos sobrado indulgentes con lo de antaño, luego que por el giro de la suerte, viene a ser nuestra inmaculada Dulcinea. Entonces, ¡ay del que las mueva o se le antoje hablar de lo pasado! Un nuevo Roldán, o un Don Quijote, le saldrá al encuentro.

Por otra parte ¡que propósitos de castidad y constancia a lo Marsilla; pero que desvío, que indiferencia, y hasta que crueldad a lo Tenorio, cuanto extinguida la amorosa llama, nueva deidad se eleva en los altares! Tal suele ser la juventud, tal es Eduardo: por eso no van descaminados los recelos de Elvira.

EDUARDO. — Aunque no fueras tan hermosa prenda mía, existe en tu persona un no se qué, alguna cosa que despierta en mi alma, ligándola con la tuya, el vínculo dulcísimo de la simpatía. Esas miradas y sonrisas, que dices tener solo para mí, son cosas del cielo, y al verlas, exclamo entusiasmado: Nadie tuvo en la tierra un cielo tan hermoso en su corazón. Esas miradas y sonrisas son las de los ángeles para los bienaventurados, y lo soy en éste momento. Pero hablando de todo ¿que te ha parecido mi última balada, aquella en que te digo:

> *Tierna calandria que a cantar empieza,*
> *palma del valle, americana flor.*

ELVIRA. — Algunas desazones me cuesta. Las que se llaman amigas, tratan de morder a *palma del valle*, sin duda porque comprenden la intención de los versos. A mi madre la entristecen tus poesías. Imagina la verdad, y conoce tanto tu manera, que no habría para ella seudónimo que te ocultase. Y como desconfia de tu constancia, ve solo en tus composiciones poéticas un incentivo para enloquecer a las muchachas, como dice, sin aludirnos al parecer.

Ya se ve que Eduardo suele hacer versos.

A su edad, con cierta educación literaria, teniendo por instrumento la dúctil y armoniosa lengua castellana, más o menos disparatados, más o menos correctos, todo enamorado algo inteligente y no sordo, canta a su Flérida; lo mismo que la compondría idílios musicales, si la lectura y gramática de la armonía estuviesen tan generalizadas como las del común idioma.

Pero volviendo a nuestros amantes: ni la madre de Elvira, ni la familia de Eduardo, combaten su amorosa afición; la primera acaso porque el mancebo no carece de hacienda; la segunda, porque quizá confíe en que la pasión de aquel, no encontrando oposición alguna, podrá tornarse mejor en fuego fatuo, o porque, en su concepto la joven le merece. Tanto peor para la pobre Elvira.

EDUARDO. *(Tras un momento de muda contemplación.)* — ¿Quién es aquel que por allí se desliza? Parece que te ronda...

ELVIRA. — Pura alucinación; yo no le veo.

EDUARDO. — No es vana sombra... ¡Oh! Sí, es el Capitán recien llegado... aquel que en el baile tanto te miraba, y que logró por cierto bailar contigo el segundo wals.

ELVIRA. — Wals memorable, gracias a tus celos.

EDUARDO. *(Afectando desdén.)* — ¡Celoso yo!

ELVIRA. — Ellos ofenden al objeto amado.

EDUARDO. — Pero insiste aquel hombre y nos espía.

ELVIRA. — Ciega estoy sin duda alguna.

EDUARDO. — Allí, ¿No le ves allí?

ELVIRA. — De ningún modo.

EDUARDO. — Si no le ven tus ojos, le ve tu rostro, pálido ya como esa luna: ¡revela una emoción que te vende Elvira! Pero habré de averiguar porqué me observa.

Al decir esto, Eduardo se lanza sobre lo que imaginaba un hombre, un rival, y halla una vaga sombra, su propia silueta que la luna dibuja en la pared.

Tranquilizado ya, tórnase a la ventana.

El instintivo deseo de sentir algo parecido a los celos, le alucinó; buscaba algún rival y solo se encontró a si mismo. Elvira es demasiado cándida para comprender que el amor de Eduardo, a quién idolatra, necesita de aquel incentivo u otro semejante, o tal vez ignora las artes de la coqueta que sabe procurárselos.

Pero si el inconsiderado mozo torna más tranquilo, no encuentra a la doncella sonriente. No es culpable, pero teme. No se que impulso, a su vez inexplicable, la intranquiliza respecto del amor de Eduardo.

¿Le cansará ya la monótona constancia de mi afecto?, se pregunta. Comienza a vislumbrar; pero la hora de la inconstancia no ha sonado aún, según parece.

Eduardo advierte que Elvira llora, y entonces como el pajarillo de que habla Lope, vuelve a la jaula; y como puede tanto una mujer que llora, siente derretirse su corazón.

¡El rostro de Elvira está tan bello con el llanto! Sus lágrimas brillan ante la luna tan cristalinas.

Eduardo intenta beberlas en aquellas mejillas tan amadas; pero Elvira le aparta perdonando castamente el movimiento por la intención; y tras de mutuas y cariñosas quejas, viene el perdón y aún la amnistía.

Sepáranse ambos amantes, tan tiernos y afectuosos, como si nada hubiese acontecido.

Sin quejas, no habría habido el aroma de un perdón reconciliador y feliz.

Los enamorados parecen locos; pero preciso es conceder, que su locura es envidiable.

Capítulo II

DE CÓMO NUESTRO MOZO VAGANDO Y CAVILANDO, VA A PARAR A CIERTO BARRIO EN QUE NINGUNO DE LOS LECTORES QUISIERA ENCONTRAR POSADA.

Entre amoroso y descontento va nuestro Eduardo; no en pos de su casa, como parece natural, toda vez que el reloj del Ayuntamiento acaba de dar aquella hora en que Vidarte decía:

"Las once y media ha tocado
y el barrio tranquilo está,
duerme, hermosa, sin cuidado
que un sereno enamorado
a tu puerta velará"

hora pues muy aparejada para irse en busca de Doña Blanca de Lino *(vulgo sábana)* todo aquel que no fuere sereno enamorado; pero Eduardo profesa horror al lecho, como se dijo un tiempo de la madre natura respecto del vacío.

Y si cuando está sosegada su imaginación, que no es ciertamente lo más común en él, gusta de vagar en las altas horas nocturnas, soñando despierto ¿qué no habrá de acontecerle ahora que entre Elvira y el Capitán,. y el Capitán y Elvira y algo desconocido que no es ni lo uno ni lo otro, le traen el ánimo nada a propósito para ceder al blando reposo?

El sueño no se ha hecho para los enamorados ni para los ambiciosos, y a la edad de Eduardo se es ambas cosas; solo que ni el amor satisface, ni la ambición se define. Estado parecido al de cierto personaje legendario que al sentir esta fiebre inquieta del corazón, creíase con dos almas: una que le apegaba a la tierra, y otra que le atraía de otra parte.

Por lo tanto nuestro héroe, murmurando aquellos versos de Larra, que con engaño suyo, más lleva en la cabeza que en el corazón

"Si presume que a mi Elvira
mi vida, mi bien, mi cielo..."

se dirige a la plaza de Santiago, cuyos almendros, según tradición de aquellos vecinos, llevóse el diablo en una noche de tormenta, y párase un instante a meditar. Pero la agitación del espíritu no le permite la quietud del cuerpo, y a poco, en marcha otra vez, toma la calle que sube a San Cristóbal, y déjase ir, sumido en sus azogadas distracciones, por lo que se llama hoy calle de Norzagaray, que no es otra cosa que los declives desiguales del peñon en que está asentada la ciudad.

Desde allí caminando a la ventura, junto a la muralla que da al mar, entrégase por momentos a la contemplacion de éste, que rugiendo y siempre amenazador por aquel lado, se parece, respecto de la ciudad, al mastín furioso a quién la corta longitud de la cadena impidiera apoderarse del incitante hueso más allá de su alcance colocado.

Ese vasto mar, — murmura Eduardo, — me separa del mundo porque suspiro. El mugir de esas olas al estrellarse contra las peñas, retratan para mí los ecos de algo desconocido y entrevisto sin embargo en esta dulce pesadilla que me arroba y atormenta.

A la luz de la luna divísanse allá en el horizonte, fugitiva margen de lo infinito, las velas de una embarcacion. ¿Ha salido del puerto esta tarde misma o aguarda la mañana para abordarle? Si viene, ¿qué traerá del mundo? Si va, ¿qué irá a buscar? De todos modos, dichosa nave, más dichosa que yo, que encadenado a la roca en que nací, en vano sospecho un mundo a través de ese horizonte que me está vedado alcanzar. Comprendo a Colón: yo, como él, hubiera navegado gustoso por mares desconocidos en pos de tierras también desconocidas.

Y al decir esto, Eduardo emprende otra vez su interrumpida marcha.

Los acordes de una orquesta le detienen de nuevo. Aquella toca una danza Puertorriqueña, "suspiro de amor continuado" como la llamó un poeta europeo al oír su singular y quejumbrosa música por la vez primera.

— ¡Dichosos los que cifran en el baile y en la fiesta su mayor encanto! — exclamó Eduardo, como si el día anterior no le hubiese acontecido lo propio; porque otro de los achaques de los veinte años, es el de suponerse con cierto cansancio de los placeres y hasta de la vida, precisamente cuando ésta nos brinda con sus más risueñas auroras y sus más bellas flores. Pero el deseo insaciable produce algo parecido al hastío .

Los extremos se tocan y confunden. La juventud es un romance, y cuando la edad del análisis comienza, es cuando venimos a estimar, echándola de menos, aquella hermosa mentira.

¡Si la Juventud supiese!... pero si supiese no sería juventud. Sin su dulce ignorancia, sin sus ilusiones, veríamos solo brochazos de almazarrón, en aquel escenario en que de lejos y a cierta luz, creíamos ver salones suntuosos y encantadoras selvas.

Si son bello tesoro los veinte años, es porque ignoramos su valía; de no, le ocultaríamos como el avaro, y la avaricia es pobre.

¡Si la vejez pudiese!... pero lo podría todo menos olvidar, y siempre andaría coja respecto de la apetecida juventud.

Eduardo no puede pensar en esto, porque aún la hora no le ha llegado; pero cavila sin saber por qué; y de andar en andar, llega a la muralla que domina el Cementerio. Allí le dejaremos contemplando aquellas tumbas plateadas por Diana, porque el lector tendrá ya sueño, visto lo avanzado de la hora; y con excentricidades sin objeto como las de Eduardo, no debemos privarle del apetecido lecho. Allí queda nuestro mozo creyéndose sin duda otro Hamlet. Pero no imagineis que será para tropezar con algún cráneo como el de Yorik, bufón sarcástico; sino para soñar con alguna Ofelia, Elvira tal vez, dormida en tumba de flores: que aún acaso le halagaría su muerte, para darse la ocasión de llorarla en tierna y quejumbrosa endecha. Dejémosle pues allí. A cenar y a acostarnos, si de ambas cosas, querido lector, encontramos medio en nuestras casas.

Capítulo III

EN QUE VOLVEREMOS A DAR CON NUESTRO MOZO Y EN QUE SE VERÁ, QUE AL QUE MADRUGA, DIOS LE AYUDA.

La existencia del hombre es un soliloquio continuado, y si habla con el prójimo, es sin duda para dar a sus horas alguna variedad, o acaso porque necesita tomar del monólogo ajeno para alimentar el propio.

Decimos esto, al imaginar los diversos monólogos que ocurrirían a Eduardo cuando le dejamos en la contemplación del cementerio. Discursos de que sentimos privar a nuestros lectores; quiénes sin embargo darán por bien ocurrida esta omisión, en gracia de haberles respetado el sueño, y por que cada cual a su vez está en capacidad de imaginarse lo que aquel habrá debido decirse al verse junto a los muertos. Mucho de hablar sobre el silencio y el reposo, envidiando ambas cosas, de mentirigillas, mucho de hablar de la nada y del polvo vano, quién ni una cosa ni otra anhela ser, aunque por darla de filósofo lo pretenda.

Ha amanecido pues, y sin saber si nuestro héroe ha dormido o no como nosotros, toda vez que aquel vive en la edad en que se suele velar por gusto, tomemos la plaza de Santiago y *Puerta de Tierra* y a través de aquel paseo, cuyos árboles el viento va llevándose uno a uno, llegaremos al banco de Turull, apacible lugar en donde paseantes únicos y consabidos, hacen su reposada digestión todas las tardes. Allí le encontraremos.

Si dando a su fatigado cuerpo el descanso que habrá debido pedirle, ha pasado en aquel banco la noche, tanto mejor para él por lo del fresco, tanto peor si el nocturno relente le ocasiona algún catarro; pero hasta en esto es venturosa la edad primaveral. El réuma y el catarro no son fruta común en estación tan lisongera, buscando su aposento en el otoño e invierno de la vida.

Si continuando Eduardo en su romanesca manía, ha querido velar cuando todos duermen, el banco de Turull, encumbrado en el parapeto verde que de base le ha servido, viene a ser el lugar más apropiado a sus cavilaciones.

La luna, sol del desvelado, suele iluminar aquel campo lleno de risueñas casas, silenciosas en tales momentos como la blanca ciudad que a lo lejos duerme, y como las naves que a su izquierda, inmóviles sobre sus anclas y en desorden pintoresco, interrumpen la tranquila superficie de aquel lago de plata. De vez en cuando algún carro tirado por bueyes, haciendo rechinar el cercano puentecillo, ha podido turbar tanto silencio, acrecentando la poesía del lugar y de la noche con la trova monótona y suave del boyero. El mar a su vez habrá contribuido a éste concierto con su sordo mugido, ya lejano en el boquerón, ya más próximo en los arrecifes de Peña Parada; pero apacible entonces como cuando no es el bullicioso Bóreas, sino la blanda brisa quién le mueve.

Haya o no dormido, haya o no velado nuestro mancebo, los albores del día, o el ruido que al dirigirse a la ciudad, suelen ocasionar en el puentecillo y carretera los proveedores campesinos, han debido ser causa de que le hallemos allí despierto, si dormía.

Héle bajando del parapeto para encaminarse a la ciudad; pero como el hombre pone y Dios dispone, ved que acaba de descubrir algo que altera su propósito.

Fijada está su atención en un elegante coche que por lo cerrado, parece encubrir algún misterio; pero no tanto que al entrar en el puentecillo, con rumbo al de San Antonio, haya impedido a Eduardo vislumbrar aunque rápidamente aquel misterio, que por tener figura de mujer parece interesarle. El sexo habría bastado para despertar su curiosidad; pues toda mujer que se encubre es para Eduardo, serafín hermoso; si ya no avivara su galante anhelo la circunstancia de haber creído reconocerla a pesar del velo verde que, con propósito de rebozar aquel semblante, de la donosa capota se desprende.

Esto, el ir en coche de alquiler teniéndole propio, sola y tan de mañana, es para Eduardo nuevo acicate que le estimula. Dispónese a seguirla; pero a pie no le es posible.

— ¡Una novela! ¡Una novela!, murmura cauteloso. Mí buena suerte me la depara. Presénciela yo, que el escribirla vendrá después.

La fortuna le ofrece junto a la más próxima de aquellas casuchas, un jamelgo ensillado, o mejor dicho, *embanastado*. Con la premura del momento, propone y consigue del jíbaro, su dueño, se le ceda en alquiler por algunas horas.

Trepa sobre aquel rocín, juzgándole en su alegría más de su gusto que un Rompe Losas, (que tanto vale la oportunidad cuando sale al encuentro de los deseos), y dase a correr a tendida galocha tras la del coche ya perdida en lontananza. Pero si éste camina más de prisa que debió ir la robada Elena, tanta es la que Eduardo imprime a su caballo, que casi le huella la zaga, cuando por su buena suerte, merced a los carros y cargados pencos que la hora de la mañana acumula tales sitios, ha tenido el coche que detenerse en el estrecho puente de San Antonio.

Las quintas del Olimpo y de la Arcadia van pasando, y el pueblecito *La Felicidad* está a la vista. La cabalgadura de nuestro mozo no puede continuar en semejante guisa: suda y trasuda, y el desmayo sucédese al desmayo. Forzoso es detenerse. El coche sigue; pero tampoco parece oportuno atisgarle muy de cerca. La dama de lo verde puede recelar y entonces…

Además el penco demanda, al parecer, la ayuda del *Juan Caliente*, que el joven desalmado en aquel instante gracias a su furor del práctico novelista se procura sin miramientos, y sin ellos, aplica sobre el pobre rocín tan sendos palos, que si no se queja es porque no habla; pero que sacando fuerzas de flaqueza, corre y más corre y no sin saber por qué.

En otra ocasión, Eduardo, compadecido del infeliz babieca, habríase abstenido de tan crudo tratamiento, pero ahora en su egoísmo de curioso no ve sino el coche, aquella concha de Venus que se le escapa. ¡Una Venus, y Venus encubierta, misteriosa, nada menos que con velo verde! Si fuera azul, habría parecido lo propio. Si el cielo es azul, en aquel momento es verde para Eduardo, que todo lo ve del color de sus anhelos.

Pasan la dama y él sucesivamente la glorieta que podríamos llamar la Bella Vista: la frondosa calle de mangos y el puente de la Aurora pasan también, y ya junto a Río Piedras, que Eduardo, en su manía llama Versalles, como Passy a las líneas*, y a Cangrejos Auteuil, desvíase un tanto de la carretera el coche, y párase al cabo.

(*Las líneas eran las secciones que, como líneas de defensas estaba dividida lo que era y es hoy Puerta de Tierra.)

Capítulo IV

VEAMOS

Ocúltase Eduardo con su jamelgo tras de los arboles que en abundancia encuentra. Desde allí ve bajar del coche a la dama quien, volviendo a la carretera con aire apresurado y sigiloso, entra en una elegante casa, cuya puerta abrió el cochero, cerrándola tras ella.

En tanto el carruaje queda como apostado junto a las mayas y almácigos de un corral y el referido cochero torna a su pescante en son de espera.

Eduardo cree conocer al tal auriga, por más que un burdo chaquetón y ancho sombrero de pleita traten de disfrazarle en lo posible.

El carruaje es de alquiler, como hemos dicho; pero el cochero, negro por más señas, es, según parece, el que la dama cuenta a su servicio.

Pasa y repasa Eduardo la carretera recelándose del negro, y pone por último pie en tierra, desviándose del camino por el lado opuesto de la casa. ata el caballo a un árbol, y trepando a la cima, ve con disgusto que su atalaya no basta a su deseo. Esle forzoso dominar, cuando menos, el jardín y el patio de la quinta, y como esto no le es dado por entonces, aguarda con impaciencia, cuasi con disgusto, el desenlace de un drama que no alcanza a presenciar desde la puerta del teatro. Teatro en que, por lo visto, ni hay expendio de billetes, ni le admiten de espectador. Pero la dama habrá de salir al cabo y entonces ...

Así es en efecto. Tras de media hora por lo menos de rabiar, de no ver entrar ni salir de tan misteriosa quinta a personaje alguno, aquella singular comedia en que por lo visto no hay galán ni aun siquiera barba, parece haber terminado, puesto que la primera dama o única ídem, la de lo verde, por ejemplo, torna a salir sin rodrigón, ni paje, ni dueña, es decir, tan sola y presurosa como entró.

De nuevo en el coche emprende con rapidez el camino de la ciudad, y Eduardo amostazado y casi furibundo, monta a su vez y síguela, muy decidido a saber a todo trance quién es ella.

— ¡Oh!, la conozco, — murmura Eduardo; la reconoceré; daré con el desenlace de esta novela cuyo interés crece por momentos.

— ¿Y quién es el galán de esta comedia? Alguien habrá de ser; de lo contrario, ¿por qué tanto misterio?

— En punto a extravagancias, no me atañe dar en rostro a nadie con las suyas, cuando las mías son tan visibles... ¿Por qué me encuentro aquí? ¿No puede como yo esta dama padecer de insomnios? Gracias al mío, he podido sorprender esta aventura que promete. ¡Yo que tengo sed de lances, de novelas, de vida y movimiento en esta ciudad en que no acontece nada!...

Y al decir esto, Eduardo corre y más corre; casi son inútiles para el fatigoso jamelgo los argumentos de *D. Juan Caliente*... Por fortuna están ya junto a las puertas de la ciudad.

Eduardo, pensando, y con razón, que si el cochero o la dama advirtiesen que les sigue, variarían de rumbo y le harán correr más, modera el paso del caballo, y sigue más despacio al coche, aunque procurando no perderle de vista. Ya están en las fortificaciones de Puerta de Tierra.

Atraviesa el coche la primera puente levadiza, y entre ésta y la segunda vuélvele Eduardo a divisar.

Entrase aquél en la ciudad, y Eduardo la descubre a poco, junto a San Cristóbal. Allí se para el primero, y apeándose la dama, toma con ligero paso la calle de la Luna. Retrocede el coche hacia Puerta de Tierra y Eduardo, que comprende que esta evolución tiene por objeto devolver aquel vehículo a las cocheras de la Marina, sigue a paso lento tras la dama guardando cierta distancia y dándola de distraído. La dama modera el paso, tomando un reposado continente, ni más ni menos que como quien va de paseo por la ciudad.

— Es ya maestra — murmura Eduardo.

Después de cruzar algunas calles, y sin temer ya que la sigan entra sin vacilar en una hermosa casa, al parecer la suya.

— ¡Elena! — se dice el joven. ¡Elena Valle de Oro! ¡Quien lo creyera! ¡Fíese usted de las mujeres! ¡Una Lucrecia en paseos y casitas misteriosas!

A poco ve venir al cochero a caballo, trayendo del diestro el otro de la pareja.

El criado y los caballos eran los de quien ya sabía. ¡De la intachable Elena! ¡No fueron vanas sus presunciones!

Váse, pues, a su casa, desde donde envía el mal aventurado rocín a quien se lo alquilara, resuelto a madrugar al día siguiente, a emprender la excursión con mejor cabalgadura y la observación, desde mejor sitio. ¡Oh! — se dijo si fue una vez, es posible que vaya dos; pues si el interés que allí la llevó subsiste aún, volverá. A tenaz no ha de ganarme: si vuelve mañana, mejor, y si no, será otro día: yo he de pillarla.

Capítulo V

EN QUE SE TRATA DE LA DAMA DEL COCHE.

Elena Valle de Oro, es en la buena sociedad puertorriqueña lo que podríamos llamar no temiendo el galicismo, una mujer a la moda, si por esto se entiende la dama que da el tono en la elegancia. El buen gusto descuella tanto en sus trajes como en sus reuniones. Es ella el principal encanto de las propias, y el envidiable ornato de las ajenas. Su casa es morada de lo bello, y cuanto la pertenece lleva en sí la expresión de su gracia.

Pero como rara vez acompaña la modestia a la mujer a quien por sus hechizos o riqueza tiene tanta ocasión de desatinarse, toda vez que el continuado aplauso es néctar que lleva poco a poco y sin saberse cómo, a cabezas no bien cimentadas, la embriaguez del engreimiento, defecto que casi siempre corre parejas con la frivolidad que suele acompañar a muchas damas fashionables; nos vemos precisados a añadir qué, por excepción honrosa, Elena es la mujer a la moda sin sus defectos. Es decir, que el fuego de la soberbia no ha devarado la sencillez de su alma, ni la frivolidad ha menguado la natural discreción que viene a ser como corona de su belleza y el mayor de sus ya seductores atractivos.

Como, por otra parte, su corazón es bueno, su trato dulce y sus sentimientos elevados, no es posible, ni aun a las mujeres, tratarla sin rendirle el tributo de la estimación.

Es querida en su círculo por los que disfrutan de su simpática amistad, respetada por los que de lejos la conocen, y bendecida por los muchos infelices que reciben sin ostentación ni gazmoñería sus beneficios, cuya gratitud es la pregonera de los mismos.

Eduardo no frecuenta su círculo, a pesar de lo extenso de sus relaciones en ciudad tan pequeña, porque nuestro mancebo, ya que no le disguste lo mejor en punto a compañía, carece de tiempo, por ocuparlo en amoríos más o menos fáciles, y en los inquietos y bulliciosos pasatiempos de su edad. De suerte que, salvo los grandes bailes que suele dar Elena de vez en cuando la tertulia íntima de esta señora, concretada a algunas amigas predilectas y a los socios del tresillo, en que su esposo suele tomar parte, es para nuestro Eduardo, sobrado formal y aun austera y por consiguiente de poco hechizo dado sus aficiones. Por esto suele apellidar a Elena el "sol en el desierto"; pero hasta él llega el aroma de su trato, y adueñada Elena de su simpatía, siempre que la nombra lo hace con cariño y admiración.

Suponga, pues el lector, qué mare magnum de conjeturas no será el cerebro de nuestro amable loco, al vislumbrar una aventura amorosa, que tal no puede menos de imaginársela, en la esposa modelo, según la ha llamado siempre.

Tan dado al traste se hallaba su magín ante aquella novela interesante, que poco faltó para que se le pasase la hora de ver a Elvira; y aun cuenta el cefirillo que presencia jugueteando las escenas amorosas, que Eduardo estuvo aquel día tan distraído en presencia de Elvira, que ésta le halló casi indiferente para con ella, con gran pesar y lágrimas de su parte.

Eduardo, por la suya, apenas si acertaba a pensar en otra cosa que en Elena, envidiando al feliz protagonista de su vislumbrada novela.

El lance prometía novedad, misterio y peligro; tres vivos aguijones para su romántica fantasía.

Contristábale que sólo le quedase el papel de narrador de un suceso en que hubiese deseado figurar como protagonista.

¿Si estaría ya enamorado de Elena? Otro prodigio de los veinte años: enamorarse de la primera heroína de novela que leemos o adivinamos.

Las Lucrecias romanas que nada le decían con su admirable virtud, convertidas en Borgias, trocábanse en imán para su espíritu. Cuando el ángel está en el cielo, parece a la novelesca fantasía del satanejo humano, muy bello, pero frío, luego que cae aquél, corre éste a quemarse con el fuego infernal que devoró sus alas. Esta el la romántica imaginación humana, y mientras más joven, más romántica: ¡sin duda a humanidad halla más simpático lo que se le parece, y como ella cayó también...

Capítulo VI

DE CÓMO SE PUEDE ESTAR EN UN TEATRO SIN DARSE CUENTA DEL ESPECTÁCULO.

Llega la noche, y Eduardo se dirige al teatro. Lo que se representa no figura o no entra para nada en nuestra narración. Tratamos de gente que más que a ver, va a representar, y como en todo coliseo pasan siempre dos espectáculos, no nos ceñiremos ciertamente al del palco escénico.

Eduardo ocupa un sillón de anfiteatro desde donde puede ver de cerca y hasta oír algo de lo que hablan en los palcos. Tiene no lejos el de Elena, y un poco más allá el de otra dama a quien el lector no tardará en conocer.

Comienza la sinfonía, pero ¿qué le importa ésta, cuando su pensamiento, ya fijo en Elena, se absorbe en ella más aún, a causa de haber entrado tan deslumbradora como modesta?

Ni lo uno ni lo otro es ficción en quien tuvo siempre el raro privilegio de hermanar ambas cosas. Mezcla de sol y de luna que admiró como siempre a los circunstantes y que hace latir más que nunca el corazón de Eduardo.

¡Oh! ¡Si Elvira hubiese estado allí, tan olvidada en aquel instate! ¡Que traidora es en amor la edad más amorosa de la vida! Lo que prueba que no es lo más feraz sino lo más cultivado, lo que resulta más fecundo.

¡Y cuánto no habrían dado las envidiosas damas que iban entrando, por que nuestro protagonista les comunicase las sospechas que alimentaba contra Elena! ¡Qué satisfacción para el amor propio de las ofendidas por aquel brillo tan puro! ¡Qué contento para las bellas pecadoras!

Elena parece triste. Sus ojos azules como el zafiro no lucen como otras veces en el risueño fulgor del alba.

Sus cabellos suavemente rubios como los primeros ayos del día, parecen aliñados con menor esmero que en otras ocasiones, y esto indica que no ha querido prestarse por mucho espacio, aquella noche, a las hábiles manos del peluquero; aumentando, tal vez contra su gusto, por la sencillez del tocado, la encantadora expresión de su rostro, pálido entonces como la nieve.

Aquel talle rivaliza con el de su homónima griega, y nada más diríamos de su hermosura, si pudiéramos prescindir de su mano, que, ya caída con negligencia en la barandilla del palco, ya tendiendo, sin voluntad de su dueña, a buscar la mejilla, para dar a aquel busto la actitud de la triste reflexión, no puede menos de ser admirada, por aquel color de perla con vetas de suave azul.

Mano, que la cabritilla, pretextando el rigor del clima, tiene la cordura de no cubrir, y que las joyas, salvo algún brillante, quizá emblema de recuerdo, no tienen la ufana pretensión de embellecer.

Si Elena fuera más maliciosa, comprendería que con este descuido en su tocado, puede atraer mejor al descarriado o apasionar más al cautivo; pero conociéndola bien, debemos suponer que su descuidada elegancia es apropiada al melancólico estado de su ánimo.

Si la brillante diadema de otras noches la sienta bien, mejor aún la cuadra el modesto lirio que adorna su cabeza.

¡Oh! Sí, ella está melancólica como aquel lirio. De su rostro se ha despedido la cándida alegría que lo iluminaba dulcemente, y la palidez de los afanes lo cubre ahora entristeciéndolo.

No es ya, la dorada púrpura que despide al sol en la risueña tarde, es ya, cuando, hundido aquel en occidente, y disipadas las hermosas franjas; queda en el cielo el pálido crepúsculo, más melancólico que risueño, porque ve venir las nocturnas sombras.

Enrique, su esposo, gallardo joven, está a su vez distraído. Fíjase al parecer en el escenario; pero la representación, que ha comenzado, no lo atrae sin duda, a juzgar por lo indiferente de sus ojos que miran y no ven.

¿Conocerá el estado moral de su esposa?

¿Bullirá en su mente la sospecha? De vez en cuando dirige la palabra a su esposa con tierna solicitud, pero cada vez que esto ocurre, no podemos decir si el rostro de Elena se ilumina u oscurece. Sin embargo, es indudable que las palabras de su esposo la conmueven.

En vano busca Eduardo entre los galanes de la concurrencia al favorecido héroe de su romance. Los ojos de la hermosa, que él sigue con afanoso esmero, no se fijan en parte alguna con la intención que él imagina.

Está desconcertado. — Mañana — dice, — mañana lo veremos. O Júpiter se viste de pulga, o no queda cisne, toro ni lluvia de ninguna especie, que no reconozca en derredor de la casita misteriosa. Aunque haya de dar y recibir balas o palos, he de saber quien es el duende que trae inquieto el corazón de mi heroína.

Al decir esto, divisó al capitán que miraba con tesón a Elena, y como ella en aquel momento, le mirase también, Eduardo murmuró: ¡Siempre este hombre en mi camino!

El capitán Perez es un mancebo alto y bien proporcionado. Fisonomía árabe con bigotes a lo Victor Manuel.

— Quien sabe — torna a decirse Eduardo — si es éste el Júpiter de esa Europa. Mañana me lo dirá todo la casita de Río Piedras.

La presencia de otra dama en un palco no distante del de Elena viene a interrumpir sus reflexiones. Es la dama cuyo conocimiento hemos prometido a los lectores.

Capítulo VII

EN QUE PODRÁN VER LOS CURIOSOS QUE CUANDO SATANÁS SE HACE MUJER, SUELE APARECER COMO MUY BELLO.

Carolina, la hermosa Camagüeyana, que así por su procedencia la apellidan en los galantes círculos de la ciudad, es joven, viuda y rica; pero bien pudiera ser estas tres cosas, sin merecer por esto la fama de peligrosa que la acompaña.

Para aquellos a quiénes solo muestra la mano, es la reina de las coquetas; pero para otros que dicen conocer sus garras, es el demonio de la tentación.

El pálido ámbar de su tez revela su origen criollo, en que quizá no todo sea caucásico, y éste color que brilla como el pulido nácar, es tal vez el más seductor de sus atractivos. Es por lo menos una hechicera octerona que con ojos como los de Elvira, tiene todo el arte que aquella, a fuer de candorosa no posee, no sabiendo mirar más que con mucho amor. A su vez Elena, no conoce otras miradas que las de la afectuosa alegría antes, y ahora las de la ternura empapada en lágrimas; pero Carolina maneja todas estas miradas y muchas más.

Ella tiene miradas de sol y de luna, es decir, que abrasan y seducen cariñosa y blandamente. Miradas de relámpago que deslumbran, o de rayo que hieren de un sólo golpe los corazones. Miradas de gacela que conmueven, de pantera que amedrentan, o de serpiente que fascinan. Si los ojos se hicieron para ver y llorar y cuando más para decir; ella a más de ver, llorar y decir con ellos, ríe, canta, aborrece y ama con ellos. En ellos vislumbra el alma celajes risueños y borrascosos, oasis y desiertos, infiernos y paraísos. Son en fin sus ojos dócil instrumento que suple a la palabra, a la acción y a las pasiones.

Y cuando tales ojos tienen por auxiliares la negra ceja artísticamente arqueada, y pestañas que parecen enflecadas cintas de terciopelo, y sirven de luz a un busto hermoso en que el ébano se enmadeja ondeado, y la boca viene a complementar aquel donaire con simétricos hilos de perlas o marfíl entre coral o rosa, ¿qué puede decirse que no se crea en punto a encantamiento?

Octerona dijimos, y esto puede bastar para imaginarse sobre el tarso giboso y breve, un cuerpo flexible como el bambú africano y contorneado y gracioso con lo que tiene el Júcar o del Bétis.

Añadid a esto la elegancia en el traje y el brillo de la riqueza cuando sabe no reñir con el buen gusto, y tendreis ya el toro en la plaza, dispuesto a echar por tierra a Cegríes y Abencerrages.

Cierto leve rumor de embeleso o de poco caritativa murmuración, marcó la ruidosa entrada de Carolina en el palco, satisfecha porque logra éste propósito.

Ella que es comedia con sus puntas de drama o de tragedia, farsa de teatro en fin, quiere producir el debido efecto, y se presenta a telón corrido para perturbar el espectáculo llamando la atención de los espectadores; ¿pero no es ella también hermoso y curiosísimo espectáculo?

Una vez en la plaza el toro, caen sobre él capas y banderillas en forma de anteojos, y hay varas tomadas y también buena porción de cogidas y revolcones; pero los ojos de la bella Camagüeyana van de preferencia hacia Elena. La atención de Enrique de Villablanca, su esposo, parece absorvida por la representación; y aunque de vez en cuando desvía los ojos de la escena para fijarlos en Carolina, lo hace con rapidez tal, que pocos de los concurrentes, a no ser el observador Eduardo, pudieran percibir semejante juego.

Tarnbién brilla por momentos en los labios de la octerona cierta sonrisa de triunfo.

De pronto Elena, palidece más aún, y Enrique, quizás juzgándola indispuesta, le dirige algunas palabras que sin duda envuelven la orden o proposición de retirada. Continúa al parecer el malestar de aquella, y a nueva insistencia del esposo, salen ambos del palco y luego del teatro; no sin que Villablanca lance a Carolina, al levantarse para dejar el puesto, una mirada tan rápida como indefinible.

Sonríe la Camagüeyana con expresión intraductible a su vez, puesto que expresa, o la satisfacción más orgullosa o el desdén más extremado.

Eduardo comienza a sospechar que entre Elena y la Camagüeyana media algún combate de celos motivado por Dios sabe quién.

¿Si tendrá todo esto que ver con la casita?

Y los ojos de Carolina se fijaron en los del Capitán, motivando esto que Eduardo se pregunte:

¿También tiene éste hombre algo que ver con la Camagüeyana?

El esposo de Elena ¿tocará en esta orquesta el contrabajo o la dirige ocultando la batuta?

¡Oh! Mañana, mañana lo verémos·

Pero no satisfecho sin auda de éste juicio, formula el siguiente:

Todo iba bien entre Elena y el Capitán. Llegó la famosa viuda y las varas del Capitán pasan a esta que las toma con singular aplomo. La pobre rubia entonces se indispone o lo aparenta y abandona la partida. De aquí la satisfacción que se pintó en el rostro de Carolina, al verse dueña del campo.

En cuanto, a la mirada que lanzó Enrique a la Camagüeyana, no destruye mi hipótesis.

Un marido que ama a su mujer, y Villablanca no puede menos de adorar a la suya, sopena de belitre, debe resentirse de que otra brille más que la suya con menos título, y comprendiendo las envidiosas provocaciones de Carolina y el sufrimiento que ocasionan a su esposa, la justa indignación ha podido traslucirse en su mirada.

A éste punto llegaba Eduardo de su soliloquio, cuando al volver la vista en busca del Capitán, observó que éste salía del patio y del coliseo.

¡Diablo! –exclamó– Ciertos son los toros. Se va tras ella.

Imaginó luego que éste podía muy bien no ir en seguimiento de Elena sino de Elvira, que ya en su ventana, se cansaría de esperarle; y salió con más diligencia de enamorado que teme, que con la de simple curioso que observa ajeno asunto.

Capítulo VIII

ESCENA DE AMOR QUE SIEMPRE HABRÍA CONCLUIDO MÁS O MENOS COMO CONCLUYE.

Caminaba Eduardo más que de prisa, cuando dio con el Capitán. Platicaba éste, con otro oficial en una esquina; pero como todo, según parece debe coincidir con sus sospechas, la dicha esquina es precisamente la más próxima a la morada de Elena, y otro nuevo incidente viene a excitar más su curiosidad.

Enrique de Villablanca sale de su casa y dirígese sin vacilar hacia la esquina en que el Capitán Perez platica con su compañero, saludándole al paso y continuando su marcha, no sin que a poco el referido Capitán termine el diálogo con un breve "adiós" para entrar en casa de Elena con el *sansfacon* del que penetra en terreno propio. Nuestro amigo quedó poco menos que estupefacto, murmurando estas palabras: ¡Que osadía! ¡Cuánto descaro! ¡La cosa es ya evidente!

Y tras estas malhumoradas exclamaciones, quedó observando, hasta que, cuasi perdida la paciencia, vio salir al Capitán más que de prisa.

¡Una ilusión de menos! — exclamó no poco amostazado. — ¡Crea usted en la fe conyugal; en el amor! ¡Y yo que pensaba en casarme! ¡Para el Diablo! De aquí en adelante no haré más el tonto a lo Marsilla: ni Don Juan de Marana ha de excederme.

Tratando a las mujeres como trapo
que·no es justo, ¡Canario! que en el Mundo
del bigote se burle un gusarapo
alarde haciendo de su...

Y no pudo redondear la consonancia, por no venirle en mientes vocablo que. cuadrase a su propósito.

Vamos a ver, — añade — a Elvira que estará por no verme, inconsolable. Vamos a contentarla. Aprovechemos esta ocasión para cumplir con esa Inés a quién éste Don Juan tratará de convertir en Ana de Pantoja. — Así trocaremos en terreno productivo el amor que me profesa, según dice, pues todas son iguales.

A poco de andar, divisó la ventana de Elvira abierta aún, tosiendo él, presentóse aquella, dócil como siempre al reclamo amoroso de su Eduardo.

— EDUARDO. *(Con sarcástica sonrisa.)* ¿Has llorado mucho tortolilla mía?

— ELVIRA. A tu yerta despedida de ayer, une las horas que he pasado esta noche dudando de tu vuelta.

— EDUARDO. ¡Pobre Calipsito mía, que no has podido consolarte de la partida de tu Ulises!

— ELVIRA. También has solido llamarme tu Laura y tu Isabel y tu Eloisa.

— EDUARDO. Si te disgusta el nombre de una diosa, te llamaré Armida, la de los jardines encantados.

— ELVIRA. ¿La Maga engañadora? ¿Y porqué? ¡Oh! no eres el mismo, tu ironía me hace daño, tus palabras me matan.

— EDUARDO; Lo mejor es que no seas Armida para no ser yo el pobre Reinaldo; prefiero que me llames tu Don Juan.

— ELVIRA. Eduardo tu no me amas ya. Terrible es éste secreto para mí; pero tu desdén, tu injusto sarcasmo me lo revelan. ·

— EDUARDO. Ojalá que así fuese, — Ámelas usted, llévelas usted al altar creyéndolas Penélopes, para que luego, nuevas Elenas, se vayan con el primer París que las haga carantoñas.

Elvira al oír estas palabras contempla a Eduardo con estupor y rompe luego en doloroso llanto.

El joven se había propuesto, según se ve, tratar a su novia como terreno de conquista; pero cansado ya sin duda de martirizarla, o por que a su buen corazón no cuadre el papel de desalmado que se ha impuesto, comienza a ceder de su propósito. Sin embargo, para no entregarse del todo, o por no hacerlo sin la gradación oportuna, exclama:

— EDUARDO. ¿Dices que me amas? ¿En donde está la prueba? Ese llanto me hastía, esas quejas me importunan: tu cara y papel de víctima acabarán por ahuyentarme.

— ELVIRA. Esta cara te ahuyenta, por que despierta en tí el remordimiento. Pero a todo estoy resignada, puesto que te molesta mi quebranto: sufriré y callaré. ¿Estás ya contento? añade secandose las lágrimas.

Esto era superior a las fuerzas de Eduardo.

Los burladores son hombres de corazón estéril en que si brotan flores, son hijas del cuidado y artificio. ¡Quererse meter a milano teniendo corazón de paloma!.

Eduardo sentíase conmovido, y si bien el recuerdo de Elena y la sospecha de su culpa, pugnaban por tornarle escéptico, concluyó por decirse lo que tarde o temprano se hubiera dicho. — Lo de Elena no pasa de sospecha. Y además no todas deben ser iguales.

¿Quién al contemplar esta Elvira puede dudar de que me ama? ¿Cómo negarle el amor que está mereciendo?. ¡Oh! no, ¿su alma es tan sincera o acaso más sincera quela mía? — Peque Elena en buen hora, ¿qué tiene que ver la una con la otra?.

¡Oh! duda, maldita duda: ¡eres hija del Infierno!

Todo esto piensa nuestro mancebo ante la ventana de Elvira, y ella calla y presencia aquel mudo soliloquio de que debe, como de triste proceso, salir su sentencia.

Su mirada tiene tal expresión de temor y de esperanza, que viene a ser como el afilado puente de Mahoma junto al cielo. ¡Pero aquel esperar y temer la hacen tan bella!

Eduardo leyó en aquellos ojos, a través de una lágrima que suspensa en ellos, dudaba si correría de dolor o de ventura, estas dulcísimas palabras: "Créeme y viviré" y asiendo una de aquellas manos que parecían puestas allí para sus labios, exclamó — Perdón, "te adoro".

Y parte Eduardo, y de lejos ya, ante la luna que acabando de librarse de tediosa nube, brilla cariñosa; la envía otro adiós, que no se pronuncia, sino que se siente.

La mano parte del labio, y el cefirillo trae y lleva en sus alas cierto rumor muy dulce, que en vez de ir al oído se va a sus corazones.

¿Y que pensará el lector del interés de Eduardo por lo tocante a Elena? ¿Si será injusto en creerse respecto de Elvira tan sincero como afecta? En éste momento lo imagina, lo juraría y habremos de creerle.

Pero acá para internos: cuando los cuarenta años juzgan a los veinte, suelen exclamar — ¡Oh! ¡Falsa sinceridad! ¡Oh! ¡Dulce e incomprensible elasticidad de la juventud! — Razón tiene Eduardo: ¡El infierno produjo la funesta duda!

Capítulo IX

DEL SUEÑO QUE TUVO EDUARDO CON LO QUE CREÍA NO SENTIR DESPIERTO.

Son las doce de la noche en el reloj del Ayuntamiento, cuando nuestro protagonista se dirige a su casa con el propósito de dormir poco y madrugar mucho.

Con éste fin ordena que se le tenga ensillado al lucir el día, su bello alazán Pajarito, y échase en los brazos del sueño, cuyos halagos falta le hacen por la anterior velada.

Pero aunque su cuerpo se rinde, su imaginación, la loca de casa, demasiado agitada para avenirse con el reposo de las demás vecinas cerebrales, se propone, mal que pese a éstas, no dejarlas en sosiego.

Díose pues a soñar, es decir, a revolver el escaparate de las ideas.

¿Pero a soñar con Elvira? Nada de eso: Es el dormitorio de Elena. Sobre la mesa una lámpara de plata con pantalla verde, esparce su luz suave por la elegante alcoba. Varios sillones, un lecho con magníficas cortinas blancas y algunos retratos de familia que decoran las paredes, componen el adorno de este templo de la hermosura.

Sentada con blanda molicie en dorado sillón junto a una mesa, en que apoya su brazo de tanta blancura como la nieve, la bella Elena duerme y sueña con el amor.

Su rostro revela los transportes que dominan su alma. En hebras de oro su perfumada cabellera cae ondulante, por ambos lados de su cuello de nácar, dejando percibir la agitación de su pecho, cuya belleza puede apenas encubrir el ligero traje blanco.

Parece recordar aquellos versos de Crisófilo, relativos a Francesca.

Blanca la vestimenta y asaz leve
cual de casta beldad robada al sueño,
dejaba casi ver la casta nieve
de un seno que negaba tener dueño.

Ábrese una puerta y aparece Enrique. La turbación se pinta en su semblante, en sus ojos la inquietud.

Llega con sordos pasos y contempla un momento a Elena, con expresión indefinible: terrible lucha ocurre en el corazón del engañado esposo.

La hermosa deja escapar tiernas palabras... Enrique escucha con avidez... Un nombre amado sale de los labios de Elena: no es el de Enrique. Palidece éste; convulso de furor saca un puñal... ¡va a herir! Contiénese de súbito y ahoga un gemido que nace de su rabia...

Da dos pasos atrás, cierra los brazos sobre el pecho y permanece inmóvil y frío como una estatua.

Esta escena tortura horriblemente a Eduardo.

Quiere acudir en socorro de Elena... ¡Imposible! No le es dado moverse. Quiere apartar la vista de aquel terrible cuadro; pero sus ojos no obedecen. La fijeza con que miran parece hija de la fascinación. Túrbase al cabo su vista, y sólo percibe semblantes de muerte y sombras horrorosas!...

Va oscurnciéndose la habitación. Las paredes se tornan enlutadas; aquí y allí lúgubres fantasmas, se mueven según se agita la agonizante luz. Los retratos de la alcoba, parecen animados y como si quisieran descolgarse.

Enrique lívido, con las facciones espantosamente contraídas, levanta el acerado puñal que parece de fuego...

Eduardo hace un supremo esfuerzo para arrojarse entre el brazo y la víctima: no logra moverse... Cae el puñal sobre el pecho de Elena, y la sangre salpica la frente de Eduardo, tan fría como el hielo... una mano de hierro le oprime el corazón, muere en sus labios un grito y desfallece...

Se halló en su cama: latíale el pecho con violencia, y nevado sudor bañaba sus sienes... La visión había desaparecido...

¿No sería esto en la agitada mente de Eduardo la adúltera afición que en él soñaba?

Él no acertaba a explicarse el porqué de su sueño; acaso nace esto, se dijo, ¿de que me ocupo con afán sobrado en la persona y aventuras de esta mujer?.

Tal vez Elvira habría podido darle la clave del enigma, aunque nada satisfecha de semejante sueño.

Capítulo X

EN MARCHA DE NUEVO HACIA LA BELLA CASITA MISTERIOSA.

El sol comienza a dorar los almendros del paseo de "Puerta de tierra" derramándose en chispas abrillantadas y juguetonas sobre los objetos húmedos aún por el rocío de la mañana. Las hojas y las ramas, se ven mecidas suavemente por el terral que se despide para dar lugar más tarde a la brisa de los trópicos, y que trae de la opuesta orilla de Cataño, Pueblo Viejo y San Patricio, los aromas de las selvas que tan frondosamente la coronan: sin que desentonen la armonía del cuadro, pues antes bien contribuyen a la variedad más agradable, las islas de Mata Redonda con sus apacibles canales y pintorescos almacenes sombreados de arboleda; las embarcaciones de diverso porte y forma que regadas por el puerto, le prestan cierta alegre animación; las ligeras barquillas que lo surcan, deslizándose con sus henchidas alas de lona sobre los azules cristales rizados suavemente, y alguna vela que por entre los verdes manglares, ahora dorados por el sol que va naciendo, se descubre a lo lejos, como la blanca gaviota que se cerniese por lo bajo para rastrear mejor la presa. Las yerbecitas aparecen como si risueñas despertaran ante la rosada hora del día; pero trémulas como el céfiro blando que las agita, parece que se apresuran a esconder y preservar del rayo de sol que penetra entre sus grupos, y cuál preciosa perla, la gota de rocío que acaba de refrescarlas. Las avecillas que han establecido su morada, ya entre los próximos manglares, ya en la otra orilla del puerto, alegran a su vez la mañana, con aquel cantar que tan bien cuadra a la serenidad del cielo y a la frescura de los campos. Todo esto, si bien puede presenciarse con indiferencia, y hasta con melancolía, por el estado del corazón respectivo; no es posible que haya quién, fuera de estas condiciones, deje de comprender su encanto, y viene a producirse en el alma poética, que se fija en el cuadro y le contempla con risueña serenidad.

Y si en la edad cuyas misteriosas emociones y aún extravagancias, tratan de pintarse en esta leyenda, salimos a contemplar en los campos una hermosa mañana de primavera ¿que no habrá de parecernos, si la noche anterior ha dejado en nuestro ánimo, la luz de unos ojos que prometen amor, de una sonrisa que nos ha brindado un cielo, de un talle seductor que se meció en nuestros brazos al compás de la danza encantadora?

Pero Eduardo que lo atraviesa galopando en su sereno caballo Pajarito, pensaba sobrado en el sueño o pesadilla de la pasada noche, para ocuparse en la contemplación de la belleza campestre; y abandonado el alazán a su capricho, hollaba ya la carretera, ya la verde grama: sin que el jinete, de puro absorto, dejara de rozarse a veces con las arboledas del camino, recibiendo sin echarlo de ver y como a manera de llovizna, el aljófar que la aurora acababa de posar sobre las ramas.

La casita misteriosa sirve de meta a su propósito y el recuerdo de Elena ocupa su memoria. La naturaleza no existe en aquel momento para su alma, que solo ve una mujer — ¡pobre Elvira!

Atraviesa el puente de San Antonio sin fijarse en aquel precioso lago, cuya superficie, rizada en parte por las auras matutinas, y en cuyos rizos se quiebra la luz del sol formando mariposillas de oro, parece en otras por lo inmóvil, de puro cristal, y como incrustada en él alguna barquilla pescadora.

Las poéticas quintas "El Olimpo" y la "Arcadia", cuyos nombres les cuadran tan bien por lo apacible y pintoresco de aquellos lugares, no bastan a detener su atención.

¡Cuan diferente ahora su ánimo de otros días en que cabalgando por tan agradable camino, se paraba a contemplar las palmas que se mecen a orillas de la ensenada que forma el Condado! Aquellas palmas le representaban a su Elvira que llevaba en mientes, y para quién solía traer, de retorno, el ramo de flores cogido por él mismo en los jardincillos de las cercanías.

Ahora sólo piensa en Elena y su aventura, anhelando llegar a la bella casita misteriosa, para ver de aclarar aquel enigma que va interesando a su fantasía, más de lo natural y conveniente.

Pensando en esto, cruza la calle de mangos, pasa el puente de la Aurora, y llega a la quinta, objeto de sus miras, resuelto a buscar mejor atalaya que la del día anterior.

Después de vacilar algunos instantes, como quién compara y escoge, se decide a penetrar, y lo verifica, en un corral inmediato a la casa; una vez allí, desmóntase y ata su caballo de un árbol, que, con otros formando grupo, pudiera en todo caso ocultarle o darle sombra; y cuando se dispone a saltar la vecina cerca, el negro guardián de la misma le sale al paso.

EDUARDO. — ¿Se alquila esta casa?

GUARDIÁN· — Los blancos vienen pronto a ella de temporada.

EDUARDO. — ¿Y la del lado quién la ocupa?

GUARDIÁN· — Lo ignoro, señor.

EDUARDO. — ¿Has visto entrar en ella ayer mañana, a una señora con velo verde?

GUARDIÁN. — No señor.

EDUARDO. — ¿Podría verse desde este corral el interior de esa casa? Tengo entendido que hay en él muchas flores. Si pudiera pasar a él sin que me viesen... El negro se lleva la mano a la frente en son de dificultad, aunque por complacer al caballero que le habla tan afable, tendría gusto en allanar todo tropiezo.

EDUARDO. — La quinta está deshabitada, aunque contenga muebles para el caso contrario. Las flores van perdiéndose sin duda, y quisiera llevar a mi hermana algunas para el baile de esta noche. Si yo, por ejemplo *(da al negro un par de pesetas)* saltase la cerca y me viese en el jardín, podría escogerlas a mi gusto. En tanto tú me dejarías abierto éste corral para dar salida a mi caballo...

Un segundo argumento monetario, es decir otras dos pesetas formando un peso, quitaron al pobre guardián el peso de la conciencia; si bien es verdad, que saltar una cerca para coger flores y dejar una puerta abierta para la salida de un caballo, son cosas sobrado inocentes para dejar de poner algún peso en el bolsillo, que por falta de peso alguno, iba tornándose más y más rugoso, más y más inútil. Era preciso dar algún objeto al tal bolsillo, ya que la costurera del pantalón, previendo por instinto semejantes casos, le puso allí.

Ablandado el negro, concluyó por dejar hacer y aún hizo algo también, tarea bien fácil: prometiendo callar lo que no le convenía decir, saliose como para no ser cómplice de aquel asalto, y dejose abierta la puerta, sin duda por olvido. ¿Y que falta hacía en aquel lugar si tenía que salir a sus faenas?

Eduardo saltó la cerca con ayuda del negro que quedó diciendo:

— ¡Un peso por dejar coger algunas flores! ¡Caprichos de los blancos! Pero ellos son blancos y se entienden. — Vamos Teodoro, tú nada has visto; vete a dar agua a tus dos vacas.

Capítulo XI

YA ESTAMOS DENTRO, Y A VER QUÉ VEMOS.

Ya está Eduardo en la mansión de sus ensueños. ¡Como palpita su corazón! El patio de la casa está sombreado por flamboyanes cuya verde filigrana se ve adornada de la más hermosa púrpura: por almácigos, en cuyo aterciopelado tronco se enreda el ítamo: por tamarindos de redonda copa, y por mameyes que en forma de pirámide, se cubren en cierta época del año de vistosas flores, contrastando sus renuevos verdegay con la esmeralda de sus viejas hojas: ya en simétricas calles, ya en grupos pintorescos a manera de bosquecillos; al paso que en arrietes y canteros, las variadas rosas esperan la amartelada canturía de su amante el ruiseñor: el nardo rivaliza con el clavel en los olores, y el jazmín y el resedan enamoran la brisa embriagándola con su incienso. Forma el ítamo las vallas de los arriates, y la *lluvia de coral* las esmalta: concurriendo una y otra calle, en que la luz del sol no puede penetrar sin dejar ante aquellos doseles pintorescos la fuerza de sus rayos, a la formación de una glorieta situada en el centro del patio y cobijada a su vez por el arrayan balsámico, entapizada por el blando cesped y adornada de divanes cómodos para sentarse a gozar de aquel encanto.

Por lo que atañe a la casa, vista desde allí, presenta una puerta en el centro con breve escalinata que conduce al patio. El ala de Poniente contiene sin duda las oficinas domésticas cerradas entonces; en tanto que en la de Oriente, vense dos ventanas que serán tal vez de los dormitorios.

Eduardo trás de algunos momentos de indecisión, escoge para sus fines una enorme acacia, formada por los años y respetada por su hermosura cuando se edificó la quinta, desde cuya copa frondosa y elevada, puede atisbar según su objeto.

Púsolo por obra, y ya era tiempo, pues no bien trepa y se acomoda entre sus ramas, sentado en la que más resistente juzga, cuando abierta la puerta que mira al campo, ve que el cochero del día anterior, ataviado en la misma forma, cruza el jardín, dirígese a la casa rápidamente, abre la puerta del centro y traspone sus umbrales.

Pocos momentos después, torna el cochero dejando abierta la puerta que le dio salida, y váse por la trasera del jardín que cierra cuidadoso.

Ábrese luego una ventana, a que el árbol que sirve de atalaya a nuestro amigo presta sombra, y no sin emoción de su parte descubre a... ¡Elena!

Una rápida mirada hacia los contornos del jardín le dice que está sola. ¡Cual no habría sido su sorpresa, si la turbación de su espíritu le hubiese permitido alzar los ojos hacia el árbol en que tan de cerca la espiaban!

Para mayor desasosiego del curioso, una calandria viene a saltar, cantando de rama en rama, con inminente ocasión de atraer hacia tal punto la atención de Elena, pero está demasiado absorta en sus pensamientos para fijarse en la avecilla, que a su vez y quizá buscando a su consorte que allí no encuentra se aleja suspirando.

Diríjese la dama a un hermoso pupitre de caoba y cierro de cristales, que con otros elegantes muebles, adorna el aposento: abre la papelera con una llavecita que pendiente de su seno lleva oculta, y saca un paquetito, al parecer de cartas, que se pone a revisar y a leer una tras otra con doloroso llanto.

EDUARDO. — ¿Llorará algún amoroso desengaño? ¿Serán sus lágrimas el triste epitafio de alguna querida tumba? ¿Quién será el ingrato? ¿Quién será el muerto? Ingrato o muerto, ¿que más da?. Los ingratos y los muertos, aunque en distinta forma, dejan el corazón triste y desamparado.

Más de media hora pasa Elena en tan melancólico entretenimiento. Ya busca alguna carta con afán, ya pasa por encima de otras ligeramente: ahora lee una desde la cruz a la fecha: ahora tan sólo algunos párrafos de otra. De vez en cuando se vuelve como si temiera la sorpresa. Por último, como si de repente volviese en sí, guarda las cartas y cierra la papelera, con muestras de despecho.

El amante vive, — murmura Eduardo — me lo revela ese despechado movimiento: a los muertos no se les guardan rencores semejantes.

La dama permanece pensativa, y suspirando luego, decídese a salir con lento paso. Consagra al pupitre una mirada melancólica, suspira de nuevo y enjugando las lágrimas, deja el gabinete.

Aparece en la puerta del centro, y bajando la escalinata, llégase al jardín: su rostro con el llanto, semeja pálida rosa cubierta de rocío.

Cruza el jardín con lentitud, y después de tomar algunas azucenas que lleva a la nariz y al labio, y guarda por último en su seno, entra en el cenador, en donde se deja caer como abatida.

EDUARDO. *(Para sí)* — Pero sola, está sola. Y el Capitán ¿por qué no viene?

A poco murmura Elena creyendo no ser oída: — ¡Aquí el ingrato me declaró su amor!

¡Cruel Capitán! — se dijo Eduardo. Hacer llorar de ese modo a ojos tan bellos.

Capítulo XII

DE COMO PUEDE SER PELIGROSA LA OBSERVACIÓN DE LAS AJENAS CUITAS.

¿Pero que ocurre dentro de la casa? Percíbense extraños rumores que truécanse en ruido, y por último entra y sale del gabinete, sin duda al verle vacío, un hombre que Eduardo quiere y no logra reconocer por lo rápido de la salida; pero que apareciendo a poco en el umbral de la puerta que da al patio, recorre el ámbito de éste con vista inquieta.

No es un amante, es el marido: Enrique de Villablanca, cuya presencia hizo a nuestro curioso temblar por Elena.

Al sentir ésta el ruido, sale del cenador, y al ver a su esposo dio un grito de sorpresa.

Villablanca fue hacia ella enfurecido.

— ¿Qué has venido a buscar aquí?

Elena no acierta a responder.

— Responda usted señora.

Al decir esto, sacude el brazo de Elena, y de la mano de ésta, cae un papel.

Todo esto pasa muy cerca de la acacia. Eduardo teme por Elena y al ver que Villablanca lleno de furor se lanza sobre ella puñal en mano, recordó su sueño.

Enrique pone el pie sobre el escrito que Elena hizo leve ademán de recoger.

Nuestro curioso no puede más, y soltándose de la rama, déjase caer, viniendo por medio de rápido movimiento a encontrarse entre los dos.

Elena da un grito de sorpresa o de espanto al ver ante sí al que inesperadamente, por salvarla, podría perderla.

EDUARDO. — Señor de Villablanca, esta señora es inocente.

ENRIQUE. *(Con furor mal comprimido.)* — ¡Inocente, y usted aquí!

EDUARDO. — Ese grito ha sido, más que de temor, de sorpresa. Ella ignoraba mi presencia en este sitio. Creíase sola, y yo desde ese árbol soy testigo de que lo estaba.

ENRIQUE. — ¡Inocente! La inocencia no tiembla.

EDUARDO. — A veces, tiembla ante la·injusticia. Vea usted su emoción, oígala usted y acaso se arrepienta de su furor.

ENRIQUE. — ¿Y usted que hace aquí?

EDUARDO. — Curiosidad y nada más. Si por esto quiere usted matarme, puede hacerlo: estoy desarmado.

Elena recobrada un tanto, y aprovechando el momento en que Villablanca contempla a Eduardo con vacilante intención de acometerle, toma del suelo la carta que un movimiento de aquel había dejado libre, y presentándola a su esposo, con voz entrecortada por el sentimiento le dice: Lee.

Leyó en efecto Villablanca: es una carta amorosa en que reconoce su propia letra, más aún, sus propias palabras y protestas de amor.

— ¡Cómo! exclamó confuso.

Elena ya repuesta del todo añade:

— He venido aquí en secreto a llorar la muerte de tu amor, y a recordar aquellas primeras mañanas de nuestra unión. En aquel pupitre *(señalando la ventana del gabinete)* están tus cartas de novio que guardaba y hoy como ayer he leído llorando, aunque hoy por la última vez. En éste cenador he deshojado una azucena, recordando las que en éste jardín cogías en mi presencia para adornarme. Azucenas que, ponían sobre esta frente tan pura como entónces, esas manos que han alzado hoy un puñal para mi pecho. Mata de una vez éste corazón que antes heriste.

Dichas estas palabras por Elena, rompió de nuevo en doloroso llanto.

ENRIQUE. *(A Eduardo.)* — Caballero, está usted aquí de más.

EDUARDO. — Ya lo sé, pero...

ENRIQUE. *(A Elena.)* — He aquí lo que me ha traído a éste sitio. Y sacando un papel, leyó Elena lo siguiente: "Vuestra esposa va de mañana a su quinta sin duda a hacer idilios. ¿No habrá por allí algún Nemoroso que la ayude en la tarea?"

Elena arrojó el papel con indignacion. Dios me perdone si no es obra de aquella mujer!...

Y el rubor tiñó su frente.

ENRIQUE. *(A Eduardo.)* — ¿Qué tiene usted que ver con esta escena? Repito a usted que debe marcharse.

EDUARDO. *(Contiene un movimiento de despecho y expresa resignándose.)* — Debo a usted explicaciones sobre mi presencia aquí. ·

ENRIQUE. — No las quiero.

EDUARDO. — Las necesita quién tan de ligero juzgó a su esposa.

ENRIQUE. — ¡Caballero!

ELENA. — ¡Enrique! Este caballero debe explicar por que se encuentra aquí.

EDUARDO. — Venía de paseo, y deseando coger algunas flores para mi novia, salté a éste patio. No pudiendo huir sin ser visto por quién abría esa puerta, me decidí a trepar en ese árbol. Lo demás ya lo sabeis. Doy a usted mi palabra de honor de que digo la verdad.

Y Eduardo se colora como grana, al ver que la explicación de su presencia allí, ya que no sea la del culpable, se pone en ridículo ante ambos interlocutores. ¡Oh! ¡Cuanto diera por que la peripecia final fuese trágica en vez de cómica!

Por dicha suya toma aquel sesgo la peripecia.

ENRIQUE. — No necesito explicaciones en cuanto a mi esposa. Por lo que atañe a lo demás, el sonrojo que ahora paso, ha de pagármelo alguien, y quiero que me lo pague usted

EDUARDO. *(Casi contento.)* — Estoy dispuesto a todo. Prefiero que la escena se resuelva así.

ENRIQUE. — En fin, acabemos.

EDUARDO. — El amigo que usted designe, podrá verse con Don Miguel de Lasvosal que vive cerca de aquí y a quién voy a dar el oportuno aviso.

Dice, y sale dejando solos a aquel Adan y a aquella Eva a quién una serpiente incógnita había arrojado de su paraíso.

En cuanto a Eduardo, no aparecía, ni como serpiente ni cosa que lo valga, sino como curioso que sufre las consecuencias de su entrometimiento.

¿Y creereis que su suerte le preocupa? Nada de eso: todo su afán es el de saber por donde vendría Elena en conocimiento de que su esposo le era infiel, y quién sería la diabólica mujer a que aludió en su arrebato. Lo primero es fácil de presumir: el desvío del esposo y la sorda murmuración de toda ciudad pequeña, son capaces de poner al corriente de lo que teme a una celosa. En cuanto a lo segundo; ¿quién pudiera dudar que se trataba de la Camagüeyana?

¡Que hermosa estaba con sus lágrimas *(iba diciendo nuestro mozo.)* ¡Si ella supiera por qué me encontró allí! Recibir por ella, una; dos, mil estocadas, una, dos, mil balas, perder por ella, una, dos, mil vidas, pase; ¡pero que ella ignore que todo esto lo recibiría y lo daría con gusto, porque la amo! ¡Oh! ¿Que diablos he dicho? Si, si, una y mil muertes: yo la adoro.

¡Pobre Elvira!

Capítulo XIII

ENTREVISTA DE EDUARDO CON UN AMIGO PREDILECTO.

No lejos de la quinta de Villablanca, en donde acaba de pasar el *quid pro quo* conyugal que hemos contado, hay una casita rodeada de palmas y graciosamente rústica, con su puerta sombreada por otros bellos árboles, al paso que la entrada compuesta de un balcón corrido por todo el frente, al que se llega por breve escalinata de mampostería situada en el centro del mismo, tiene por adorno rosadas astromedas que alegran la vista.

Allí vive Miguel de Lasvosal, solteron que frisa con los treinta y que ha ocupado la mayor y más florida parte de ellos en curiosos viajes. Tiene aficiones artístico — literarias que le llevan a vivir cuasi retirado y solo, en donde nadie piensa ni en letras ni en artes. Divide el tiempo y su renta entre su casita filosófica, como él la llama, y algunos viajes que de vez en cuando emprende; no sin regresar medio lastimado de nostalgia y con alguna arroba de libros más para sus anaqueles, en que ya (fenómeno raro en la Beocia del espíritu) cuenta algunos harto buenos, y algún cuadrito u otro objeto de arte, para su breve aunque escogido museo.

Sus veinte años se compartieron entre lo bello y lo instructivo, y si entonces cultivó el amor, fue por lo que aquel tiene de semejanza con el arte; así es que, planta rara en la sociedad vegetativa en que por casualidad ha venido al mundo, ocupase en algo más que en la digestión y los negocios materiales que absorven la mente, cuerpo y ánimo de sus convecinos. Sin duda la naturaleza, al pedir un hongo más para éste bello terruño de los trópicos, recibió por equivocación otra planta que no tendremos la presunción de clasificar, por no vernos en el caso de escribir, siendo tan indoctos, algún tratado de Botánica humana.

Entremos pues y le hallaremos en plática con Eduardo que acaba de llegar.

La sala es pequeña; pero al verla elegantemente empapelada, cubierta de pocos y graciosos muebles, y adornada de bellos cuadros y otras obras de arte, comenzaremos a ratificarnos en la idea que del carácter de tal personaje acaba de dársenos.

Una panoplia en que se ve cuanto pudiera bastar a una bien provista academia de armas, que maneja primorosamente, llama la atención entre tanto objeto destinado a la contemplación del espíritu.

Pero nuestro hombre tiene la manía de la esgrima como ejercicio gimnástico, pues ni es espadachín ni fanfarrón; y en su deseo de armonizar el ejercicio del cuerpo con el de la mente, para que esta pueda verse sana dentro de aquel, sano también, busca el ejercicio en que pueda dar a la imaginación algún pasto, para que no todo sea del cuerpo.

EDUARDO. — Tal es el motivo que me ha traído a perturbar tu sosiego.

MIGUEL. — De suerte que, a no ser por el duelo que proyectas, no habría tenido este gusto: bueno es conocer a los amigos: recuerdan a Santa Bárbara cuando truena.

EDUARDO. — Como queja la rechazo: pero como chanza la admito, y de todos modos te agradezco que no me dejes mal, toda vez que de antemano y sin consultarte, he contado contigo, y como siempre, te hallo dispuesto.

MIGUEL. — Pero esa historia que me refieres no es nueva en la ciudad: todo el mundo hablaba ya, aunque por lo bajo, y no tanto que no llegara hasta mis oídos, de los devaneos de la Camagüeyana con el esposo de Elena. Aquella habrá querido separarlos más, y ha escrito el anónimo a que te refieres acerca de los paseos matutinos de la esposa. En cuanto al Capitán Perez de que hablas, nada tiene que ver, que yo sepa, en el asunto. Vive en los bajos de la casa de Elena, y por eso le viste entrar y salir aquella noche. Ya ves que yo en mi retiro estoy más al corriente que tu de nuestra gacetilla; pero tu, con tu cabeza tan ocupada, tan llena de fantasías y de novelas, Ofelia por acá, Elvira por allá...

¡Elvira! murmura Eduardo con voz parecida al ay del remordimiento.

MIGUEL. — En fin, estoy a tus órdenes; y si el amigo de Villablanca no viene por mí, marcharé en su busca. En cuanto a las armas...

EDUARDO. — Todas me son iguales.

MIGUEL. — Hablas con la indiferencia de los verdes abriles. Un duelo a esa edad para ciertos hombres, es parte de la novela que vive en su fantasía; pero bueno es pensar en todo. Ármate de uno de esos floretes y en esa galería ocúpate un momento, por vía de distracción, en partir a fondo sin que la punta se desvíe de aquel breve círculo trazado en la pared: en tanto voy a dar la última mano a la acuarela en que estoy copiando las bellas vistas que desde esa ventana se descubren. Esperemos a que la vieja Ma — Francisca quiera darnos de almorzar.

EDUARDO. — Ya verás como no he olvidado tus lecciones. Tú salías de la escuela cuando yo entraba, pero este encuentro bastó para que nos mirásemos como hermanos. Después he recibido de tí, como por pasatiempo, algunas lecciones de este arte que algunos aprenden para saber matar en regla, y que tu has cultivado por pura afición.

MIGUEL. — Eso es: no olvides que la armonía en los movimientos es todo en este arte. El ojo debe disimular la intención, y el brazo debe servir a esta, y no a la mirada.

Eso es, ¡buen golpe! No anticipar brazo ni pierna, nada de anunciar el movimiento: todo a una. Así como el orador debe armonizar, como por instinto, pensamiento, palabra y acción; el tirador de armas debe unir a la acción el pensamiento. En cuanto a la palabra, debe estar en los ojos; pero cuidado, que según el dicho de Taillerand, ha sido dada al hombre para ocultar su pensamiento. Esto parece poco digno; pero acontece con esto, como con Maquiavelo. Su delito estuvo en dar método a los principios de su época: él pudo ser bueno, las doctrinas de su tiempo eran las malas. En esgrima sucede lo propio: el que se bate, puede ser hombre honrado, pero ha menester la malicia del pícaro.

EDUARDO. — Tienes razón, y aunque no quiero mal a Villablanca, deseo que pague el mal rato que ha dado a su mujer.

MIGUEL. — Y la ridícula situación en que te ha visto.

EDUARDO. — En que nos hemos visto; debes añadir, porque este duelo tiene algo de la comedia que quiere elevarse a tragedia. Calcemos pues el coturno: prepara, Melpómene, tu puñal. Y esto diciendo, partió a fondo con tal brío, seguridad y tino, que Miguel hubo de exclamar: — ¡Bien y basta!

MIGUEL. — El florete es para las armas lo que el ajedrez para los demás juegos: gran resumen de habilidad que adiestra para todos.

EDUARDO. *(Dejando el florete y sentándose a descansar.)*. — A propósito de todo esto: Vaya su puntita de murmuración. Estuve tentado de ir a solicitar como padrino a Lucas.

MIGUEL. — Y no hubiera aceptado seguramente.

EDUARDO. — Ya lo creo; pero sólo me proponía darle el susto y verle apurado imaginando excusas. Condiscípulo nuestro, desmiente lo que se dice de la juventud.

MIGUEL. — Suponte que a su edad, que poco más o menos es la tuya, gusta de la comedia y aborrece el drama.

EDUARDO. — Eso nada de particular encierra: muchos conozco por ese estilo: no es poeta ni artista, y ya está dicho todo.

MIGUEL. — Pues bien, yo tengo mis reglas para juzgar a los hombres. Que a los treinta o a los cuarenta se guste de lo que no hace pensar sino reir, pase; porque quién sabe porque terreno le ha llevado a uno la mano de la vida; pero a los veinte, no sentir de preferencia la belleza artística, que se realiza absorviendo por completo nuestro ser, es no tener poesía en el alma, es no tener veinte años.

EDUARDO. — Paradoja, amigo mío.

MIGUEL: — Bueno; allá va otra: Quién a los veinte años no se enamora por lo serio y anda, como Lucas, buscando cómo podría hacerlo a mi edad, lo que más conviene, no es tener tampoco veinte años, y no haberlos tenido, es vivir en el invierno sin haber pasado por la primavera. Por último, quién a los veinte no es valiente...

En esto suena un golpe en la puerta.

MIGUEL. — ¡Adelante!...

Y entra el Capitán Perez.

Capítulo XIV

EL DÚO SE CAMBIA EN TRÍO Y TERMINA CÓMO SE VERÁ.

Eduardo murmuró sorprendido: ¡Aquí este hombre! En otra ocasión la presencia del Capitán le habría enojado al recordar a Elvira; pero como ya su mente había tomado otro rumbo, casi se habría alegrado de que aquel se encargase de distraerla, templando así su remordimiento por el pesar que la causaba. Casi pensó en que le vendría bien que este sujeto le facilitase ocasión para la ruptura.

Aunque en su imaginación cabían doscientas mujeres, el tiempo podría faltarle para ocuparse en *Doña Otra*.

Recuerde el lector este párrafo ya expresado en nuestras páginas anteriores.

Que propósito de lealtad y de constancia a lo Marsilla; pero que desvío, que indiferencia, y hasta que crueldad a lo Tenorio, cuando extinguida la amorosa llama, nueva deidad se eleva en los altares.

CAPITÁN. — Señores...

MIGUEL. — Hola Capitán, sospecho lo que motiva la visita de usted.

CAPITÁN. — La presencia de este caballero aquí *(indicando a Eduardo)* me revela el por qué de la suposición.

MIGUEL. — Sentémonos y hablemos.

EDUARDO. — Me retiro.

MIGUEL. — En esa galería tienes mi acuarela las vistas del mar y del campo, son apropiadas a tus gustos.

Miguel y el Capitán se habían conocido en Europa y eran amigos, por lo que pronto quedó todo dispuesto para aquella tarde: llamaron a Eduardo, y perdida por éste toda prevención contra el Capitán, visto y tratado de cerca, hubo de gustarle, como place siempre al joven lo que es joven. El Capitán a su modo había tenido veinte, de que no estaba lejos, no era como Lucas, y podían entenderse.

La antigua criada Ma — Francisca, les sirvió un almuerzo, que no por llamarse criollo, dejaba de ser europeo; pues junto a la *hayaca* del Güaire y del *mofongo* a la puertorriqueña, incitaban el apetito otros platos más exóticos. El buen vino, no podía faltar; y como dice un famoso escritor francés, que es el licor de la simpatía, estrechó aquellos brazos y aquellos corazones. Aunque se comenzó por hablar de duelos y amores, concluyeron por recordar los placeres y espectáculos de otras tierras.

Media hora después, debajo de un cenador del jardincillo que da al mar, y entre los aromas de las rosas y alelíes, los tres jóvenes aplacan la fiebre de Lieo en animada conversación; con negras libaciones de la rica haba debida al Yemen y entre las *espiras vagarosas* y aromáticas de la hoja de Comerío.

MIGUEL. — *(Fumando en pipa.)* En Italia aprendí a comer, en Francia a beber, en Alemania a pensar y en Andalucía, me pasó lo que a Lord Byron: aprendí a amar.

CAPITAN. — Bravo y bien dicho.

EDUARDO. — ¿Y en Puerto Rico?

MIGUEL. — A digerir tranquilamente.

EDUARDO . — ¿Nada más?.

MIGUEL. — No, miento: en Puerto Rico nací amando lo que después, por mucho que aprendí, no pude olvidar: esas montañas tan verdes como risueñas. Capitán, ¿No os parecen verdes melenas rizadas y coronadas de zafiro?.

CAPITÁN. — En efecto; pero habeis olvidado alguna especialidad de este bello país y de la que voy gustando cada vez más.

MIGUEL, — Qué ¿la hamaca?

CAPITÁN. — Eso no es exclusivamente vuestro.

MIGUEL. — ¿Pues qué?

CAPITÁN. — La danza.

EDUARDO. — Cierto, muy cierto; el suspiro de amor continuado; la palma real mecida por la brisa.

CAPITÁN. — Tiene usted razón. Un buen músico catalán que dejaba este país cuando yo llegaba, me dijo hablando de ella: al oírla, bailan los pies contra la voluntad; pero su música es tan peculiar de este cielo, que no tiene todo su carácter, sino al rumor de sus brisas y sus palmas: no hay aquí mujer fea cuando la baila.

— Eso es, eso es, — dijo Eduardo entusiasmado; y como si hubiese querido el destino sorprenderles agradablemente, de un baile diurno y campestre que había cercano, vino a sus oídos el acorde rumor de una graciosa danza.

— ¡A éllos! — dijo el Capitán disponiéndose a salir sin ceremonia.

EDUARDO. — ¡Vamos allá!

MIGUEL. — ¡Partamos!

Y salió tan, alegre y de prisa el triunvirato, con dirección al lugar de donde venían aquellos sonidos placenteros, que apenas tuvo tiempo Miguel para trocar los pantuflos por las botas.

¿El vino había unido las almas? Algo había de esto; pero no tanto.

¿El *beefsteak* había unido los cuerpos por el estómago como a los gemelos de Siam?

También, también; pero no tanto.

Pues ¿cuál era el vínculo principal de estos tres hombres, que se reúnen para tratar de un duelo, y olvidándose de pensar en esto marchan abrazados tras del baile?

Había algún alimento más fuerte que el vino y el *beefsteak* para el alma y para el cuerpo, que la obedece y sigue:

¡La juventud!

Capítulo XV

DE COMO EL TRÍO SE TROCÓ EN CUARTETO.

El sol está para abismarse en Occidente: la. más apacible calma reina en la campiña, y sin embargo, en medio de tan suave calma, cuatro hombres, visiblemente jóvenes, vienen a abigarrar con sus pasiones destructoras el cuadro en que todo parecía creado para la paz.

Enrique y Eduardo, en mangas de camisa y descubiertos, enarbolan los sables para herirse y acaso matarse sin piedad, en presencia de otros dos, que impasibles al parecer, se disponen a presenciar aquella desagradable escena: Lasvosal y el Capitán Perez.

Enrique, ¿odiaba a Eduardo? No, pero morticábale que éste hubiese presenciado sus furiosos cuanto infundados celos conyugales, y acaso más aún: que vislumbrase el por qué de todo aquello: sus relaciones con la Camagüeyana que presumía ignoradas.

Eduardo, ¿odiaba a Enrique? No, pero le envidiaba por el amor de Elena, y sin darse cuenta de esto, pretendía atribuir su rabia a que ambos hubiesen sorprendido su curiosidad, sin otra excusa que la ridícula de hallarse allí, por andar cogiendo flores para su novia. Hubiera preferido una estocada en el acto, con tal de pasar por amante de Elena, o por no aparecer ante esta con tan pueril pretexto.

— Vaya, vaya — murmuraba, y todo, por no poder decirla francamente: Señora, no se si estoy enamorado de usted, pero tal me lo parezco desde ayer que la seguí, que soñé con usted y que vine aquí ardiendo en curiosidad de saber quién era el dichoso por quién toda una Lucrecia como usted olvidaba sus deberes. De todos los peligros que podía ofrecerme tal curiosidad, no pensé en el más terrible: la sorpresa y lo ridículo de mi falsa situación ante usted. Estoy castigado; pero tenga usted en cuenta que el deseo instintivo de salvarla, interponiéndome entre usted y el furor de su esposo, me ha traído a este lance. ¡Oh! si, necesito dar o recibir un buen sablazo; pero aún darlo mejor que recibirlo, por que ese esposo es muy cruel y ni merece esas lágrimas, ni es digno de ese amor.

Cada cual de los contendientes, ocupado en razonamientos semejantes, disponíase al ataque.

No ignoraban lo que entre manos trían, y como el pacto era al tres dos, comenzaron con igual empeño por llevar la ventaja del primer golpe. Amagos, fintas, quites, todo correspondía a la pericia y buen deseo de los lidiadores.

De pronto, Enrique amagó a la cabeza y logró engañar en parte a su contrario, que acudiendo allí demasiado listo y a la pierna demasiado tarde, apenas pudo tornar más leve, la herida que recibió en ella.

Rugió de rabia, que Enrique hizo mayor con estas palabras: — "Para que no brinque usted más cercas".

Este golpe intencional, epigramático, supo a Eduardo más mal que la heridilla que le acompañaba.

Era lucha del amor propio, que se acrecentaba con este punzante epígrama; y procurando no perder la serenidad, amagó Eduardo a la cabeza, pegó en el brazo y por lo rápido del ataque y lo tardío del quite, produjo herida.

Entonces Eduardo exclamó ya satisfecho:

— "Para que no lo levante usted contra su esposa".

Aquí iba ya a perder Enrique toda la serenidad en fuerza de la ira; pero arremetió con excesiva a su contrario; y más sereno éste, tuvo ocasión de lucir su habilidad en la defensa.

Terciaron los padrinos proponiendo el descanso de un momento para tratar de suavizar aquellas iras; pero en vano: es cuestión ya de muerte de que sólo podrán librarse o tornarla difícil los que lidian, por la destreza, que en ambos parece igual.

Y hasta el diablo de la emulación viene a inflamar su furia, apareciendo en el mutuo empeño de propinarse el tercero y decisivo golpe, como dos maestros que se disputan la prez y fama en acalorado asalto.

Al ruido del choque sucede el silencio. Los momentos de descanso han sido breves, así es que ambos jadean y se miran y se engañan y al amago sigue el amago. Suspenso el ánimo de los testigos, desean estos que termine aquella indecisión tan angustiosa, mirándose uno a otro y como resueltos a terciar para que termine la lucha en aquel punto;

cuando Enrique, con mejor fortuna que nuestro mozo, acierta a darle en la cabeza un tajo, que a no ser por lo brioso del quite, se la hendiera por completo, comenzando a brotar de la malherida frente la sangre en abundancia.

— ¡Basta! — dijeron a una Miguel y el Capitán, e interponiéndose acudieron a Eduardo, que ciego por la sangre más que aturdido por el golpe, daba algunos pasos vacilantes.

— ¡Al carruaje! — dijo el Capitán.

ENRIQUE. — Allí está el mío.

MIGUEL. — El más cercano y a mi casa. Adiós Villablanca, adiós Capitán. Despidiéndose, tomaron sus carruajes respectivos, no sin vendar a Eduardo y dejaron aquel sitio.

Capítulo XVI

DONNA DI PRIMO CARTELLO.

Por un velo verde! se decía Eduardo en son de burla de sí mismo. ¡Necio! El velo era la nube y él había ido tras del sol que a su sombra se ocultaba.

Es un bello demonio la tal Camagüeyana, decía Miguel junto a la cabecera de Eduardo que comienza a reanimarse después de algunas horas de marasmo.

Ha pasado la fiebre.

Debilitado por la copiosa pérdida de sangre y por la privación de alimento impuesta por el facultativo, acaba de tomar una breve aunque suculenta sopa, y gracias a los veinte, se siente harto mejor.

MIGUEL. — Recuerda que se te ha impuesto también dieta de conversación.

EDUARDO. — Cuéntame, cuéntame todo lo que sepas de esa mujer.

MIGUEL. — ¿De quién? ¿de Elena?

EDUARDO. — De la Camagüeyana.

MIGUEL. — Es mujer de historia. Casó por interés con un viejo rico a quién mató a pesadumbres. Se esto por álguien que la conoció en Puerto Príncipe. Ha venido aquí huyendo de la parentela del marido que no la quiere bien, por la conducta que observó con aquel.

EDUARDO. — Coqueta ¿eh?

MIGUEL. — Redomada: Enrique no es el primero a quién compromete, turbando la paz de su casa y lo que es más.

EDUARDO. — ¿Qué?

MIGUEL. — No es el primero a quién arruina.

EDUARDO. — ¿Y con qué fin?

MIGUEL: — Con el de sostener el fausto que constituye su pasión favorita.

EDUARDO. — De suerte que representa el amor, al servicio de la codicia. Y ¿que diablos de anzuelos emplea para tanto daño?

MIGUEL. — Su belleza unida a la falta de entrañas. Como en amor, quién más pone pierde más, ella pone poco, y su afán se reduce a que sus víctimas lo pongan todo. Con un tira y afloja de cariño, un mucho de gacela tímida al parecer y de león dominante al cabo, con harto uso de la astucia para embriagar los sentidos ajenos dándola de embriagada a su vez, con todo aquello de finjirse desdichada víctima a tiempo, para ser osada y cínica en la ocasión; turba los sentidos de los que creyendose mas cautos, se abandonan a un dulce adormecimiento de que despiertan engañados y vencidos.

Juego de serpiente en que gana siempre, porque al fin como nada puede en su corazón el despecho ajeno, el amante cede u olvida y aún teme que le reemplace otro cautivo; por lo que no es extraño que el tuno por tal y el cándido por idem, se disputen la esclavitud que ella sabe ornar de flores. Este tipo no es único, es bastante conocido: comienza por una belleza mimada desde la cuna y sin corazón en la juventud, que abrasa sin fuego. Su inconstancia misma despierta el amor sin satisfacerlo, la contradicción y los celos son sus principales y más hechiceras armas. Llámese luego Julia o Mesalina, será siempre el bello enigma que embauca al cándido pretencioso de comprenderlo y al hombre corrido que pretende dominarlo.

EDUARDO. — Entonces, ¡pobre Elena y pobre Enrique!.

¡Pobre Eduardo y pobre Elvira!, debió añadir.

Capítulo XVII

ENTRADAS Y SALIDAS.

Elena vive triste: no cree ya en el amor de su marido que cada vez se desvía más, presa de la pasión más violenta hacia Carolina. Piensa en el desafío de Eduardo con su esposo, cuando aquel ya restablecido y arrastrado por cierto vago anhelo que ni espera ni pide; pero que atrae y encanta, busca la ocasión de verla a solas, y se presenta en su casa so pretexto de hablarle con toda franqueza, respecto de su presencia en la quinta el día de la escena conyugal que motivó su desafío.

Para ello atisba el momento en que Enrique se halle en donde más entretenido puede estar: en casa de Carolina.

ELENA. — Caballero, la enigmática conducta de usted ha originado más de una desgracia, y hasta mi intachable nombre se halla en los labios de los mordaces, con motivo de su duelo ¿quiere usted que nueva imprudencia agrave los resultados de la antigua?

EDUARDO. — Señora ¿qué pensaría usted de mi presencia allí?

ELENA. — Gracias a ella pude justificar a tiempo mi conducta.

EDUARDO. — Me consuela que mi curiosidad haya producido a usted algún beneficio, aún a costa mía.

ELENA. — Con esta visita destruiría usted su obra si le sorprendiese mi marido.

EDUARDO. — La había visto acudir a la quinta el día anterior y en el teatro creció mi curiosidad

ELENA. — ¿Supúsome usted culpable?

EDUARDO. — Supúsela la mas amable de las mujeres.

ELENA. — ¿Caballero?

EDUARDO. — Comprendí que no era usted feliz y que era digna de serlo... Aquella noche me retiré con el anhelo de concurrir al día siguiente de nuevo a la quinta para averiguarlo todo.

ELENA. — ¿Y qué interés podía mover a usted?

EDUARDO. — No sé; pero aquella noche fue usted el objeto de un sueño semejante a lo que pasó después.

ELENA. — Harta desgracia es perder las ilusiones y hasta la fama. ¿Sabe usted lo que dicen por ahí respecto del duelo de usted con Enrique?

EDUARDO. — ¡Como!

ELENA. — Que yo fuí la causa.

EDUARDO. Y tienen razón. Si usted no me hubiese interesado, no me habría hallado allí. Su esposo cometió la imprudencia de desafiarme, y me he batido por castigarle.

ELENA. — ¡Caballero!... ¡Otra vez!

EDUARDO. — ¡Juzgar a usted tan de ligero!

ELENA. — Basta, Eduardo: esta conversación puede no convenir de ningún modo. Ya que comprende usted por qué estaba yo en el jardín; y por qué...

Los pasos de alguien, resonando en la escalera interrumpen la conversación.

ELENA. — ¡Por Dios! no tengamos otra escena.

Eduardo se cuela instintivamente en el tocador de Elena y esta se dirije al piano, ¿qué podrá tocar? Entra Enrique: su semblante afanoso revela inquietud.

¿Qué habrá pasado con Carolina?

Diríjese Enrique a su despacho: abre presuroso una gaveta, y sale después de cerrarla llevándose un papel.

Ni una mirada para Elena...

Sale Eduardo del tocador y ve a Elena que se levanta del piano en que apenas ha podido preludiar Dios sabe qué. Está pálida como la muerte.

ELENA. — ¡Caballero! márchese usted inmediatamente, por Dios, por usted... por mí.

EDUARDO. — Réstame decir a usted que mi familia, con motivo de mi desafío y de las voces que corren, ha decidido enviarme a la Península so pretexto de mis estudios: preveo una serie de disgustos que desde que comprendí la belleza del corazón de usted no puedo impedir.

ELENA. — Si a usted no le falta corazón, como lo pretende, debe impedirlos. Adiós Eduardo; evite usted la ocación de verme si aprecia usted mi buena fama.

EDUARDO. — Adiós Elena. La distancia se encarga de cumplir su deseo.

Elena dirijióse hacia su alcoba, y Eduardo tomó la escalera anhelando no tropezar de nuevo con Enrique.

Encaminóse a casa de Elvira.

¿Cómo podría ésta ignorar lo del duelo? ¿Cómo no saber que había sido por causa de Elena?

No está allí. Al verla tan triste, su madre la ha enviado al campo con encargo de que Eduardo no la vea. Todo esto lo supo aquel por alguna versión en forma de criada o amiga, que nunca faltan en los amores.

En cuanto a la rápida e inesperada visita de Enrique a su despacho en busca de algun documento, accidente que interrumpió la conferencia de Eduardo con Elena, podría explicarse por las voces que corrían: que aquel, por atender a un grave compromiso, había hipotecado con gruesa suma la mejor y más valiosa de sus fincas.

Capítulo XVIII

ADIÓS... HASTA... ¡QUIÉN SABE!

Disponíase el viaje de Eduardo a la Península con el objeto aparente de continuar sus interrumpidos estudios y con el positivo, por parte de su familia, de alejarle del país en donde le veían comprometido por su afición a Elena. Estas suposiciones eran debidas a la aventura del desafío, que de mil diferentes modos, pero todos azarosos, se contaba.

Acaba de amanecer. Eduardo no ha dormido, pensando ya en Elena, ya en Elvira, respecto de quién siente algo parecido a los remordimientos: hubiera querido partirse en dos.

El viaje que anhela realizar, por lo que afuer de novedad encierra, le contrista al mismo tiempo por lo que deja tras de si: notable es el encanto que le inspiran aquellas dos mujeres a quiénes sin saber como, confunde en su loca imaginación por no decir en su alma.

Ya risueños paraísos, ya horribles cuadros cruzan por su mente cada vez más febril a causa del insomnio que le atormenta.

De cuanto en tales momentos imagina, lo menos criminal es el suicidio.

Y así como Werter trataba de justificarlo, Eduardo le corona de flores, soñando con verse llorado un momento por mujeres tan seductoras, y conforme con dar la primavera de su vida, tesoro que no está aún en tiempo de apreciar, por una lágrima de tan bellos ojos. ¡En ambas las ha visto correr tan hechiceras! Pero por lo mismo que las de Elena no corrían por él, codiciaba con mayor anhelo un suspiro de aquellos labios siquiera de pesadumbre, ya que no de amorosa ternura. Quizás no dejaría ella de sospechar que era cómplice en aquella muerte, en cuyo caso y para confirmarla en tal sospecha, pensaba dejarle escrita una sentida carta.

Con este propósito y a fin de que la susodicha espístola fuese todo lo más patético y desgarrador, redactábala y tornábala a redactar en su mente, a la manera de los soliloquios a que solían darse los caballeros antiguos, ausentes y mal pagados por las damas de sus pensamientos. Macías veníale en mientes y exclamaba dolorido.

> *Si te place que mis días*
> *yo fenezca mal logrado*
> *muy en breve*
> *por que al infeliz Macías*
> *es tu pecho despiadado*
> *tan aleve...*

¡Que bellamente loca es la juventud! Por fortuna, el alba vino con su risueña luz a disipar tales fantasmas, y aprestóse a marchar en pos de Elvira cuyo perdón anhelaba obtener antes de dejar las borinqueñas playas.

La misma dualidad que le enloquecía, le curaba. Desdichado de él, si todo aquel volcán enardecido se hubiese concretado a una sola; la monomanía pudiera bien haberle llevado a realizar lo que soñaba. ¿A cuántos de su edad no ha pasado esto último?

Héle pues galopando a través de las campiñas de Gurabo, junto a cuyo pueblo se detuvo a esperar la caída de la tarde, para ver a la joven que, según noticias, se encontraba en una estancia de los contornos.

¡Cuántas veces había cruzado aquellos campos durante la noche, para ir a ver a su Elvira en la luna de miel de sus amores!

¡Que campos tan llenos de frescura y de balsámicos olores! La guerrera y las acacias en el bosque, el cafeto en las laderas; el resedán y los jazmínes en las orillas del arroyo; en aquella corriente que había llevado de vez en cuando reflejada en sus cristales la imagen de su hermosa.

Recuerda y recita entonces alguna de las endechas que solía componer con referencia a tan halagueños lugares, suponiendo a su dama pensativa y llorosa por que le aguardaba.

> *Allá en los campos de Gurabo hermoso*
> *siguiendo con la vista la corriente*
> *del Magdalena en aguas abundoso,*
> *amante fiel recordaré doliente*
> *las dulces horas que pasé a tu lado...*

Así discurría y repetía, ora sentado a la sombra de los bámbúes en que la brisa cambia sus rumores con los del poético Magdalena, ora cabalgando a través de las llanuras en que la caña se mece y la procera palma sacude y hace resonar su elevada cabellera.

El mugir de la vaca llamando a su tierna cría, el canto del judío que más que otro alguno caracteriza por lo agreste la selva tropical, mezclándose al dulce plañido de la tórtola y al festivo cantar de otras mil aves, servían de coro a sus versos y pensamientos, en tanto que Pajarito, su veloz y brioso jaco, erguía la frente, sacudía las crines, avivaba el ojo y abría la nariz para absorver gozoso los amenos olores de la pradera.

La tarde va cayendo; y cerca está la morada de Elvira.

Trepa la colina que conduce a la casa; solitaria en aquella pintoresca altura, y a la que se llega por no menos vistosa calle de mangos y cocoteros.

Presto verá la ventana junto a la cual en otro tiempo, en la madrugada del día de alguna fiesta, acompañado de otros jóvenes capitaleños que le seguían gustosos, tributaba a su Elvira la galante serenata. En tales días, tanto aquella casa como algunas de los contornos, encerraban graciosas jibaritas, que de señuelo servían al amor para atraer a la juventud de otros lugares, anhelosa siempre de lo que no ve todos los días, y que provista de guitarras y dulces flautas, recordaba con sus sones y cantos las risueñas fiestas de la fabulosa edad de oro.

Mas, ¡oh! grata sorpresa. En una ventana que perfuma galante enredadera de jazmínes, está Elvira; sí, la misma, que contempla melancólica los últimos y ya débiles rayos del sol poniente.

¿Aguardará nuestro amartelado para acercarse a ella, a que la noche acabe de cubrir el cielo?

La noche oscura, según dice algún novelista, es la maás clara para los amantes, por cuanto favorece los coloquiós, o quizás por que aparezca más grato el amor en el misterio; pero difícil es que Eduardo domine por más tiempo su impaciencia.

¡Piensa en mí! se dice. Acaso no la vigilen en este instante.

La casa de que hablamos y que sirve de morada a Elvira por ser de su parentela; está situada como hemos dicho en pintoresca altura. Domina la pradera cubierta de reses por un lado, de cañas de azúcar por el otro:

el Magdalena deslízase allá como sereno cauce de plata, lejos del salto en que quebrándose en rudas peñas, envía según la dirección del viento, sus rumores.

A la casa, verdaderamente rústica por la forma, por ser de madera con techo de teja en la parte principal, de palma y yaguas en los accesorios; se sube por la calle de árboles de que hemos hablado, dando a esta su fachada; pero la alcoba de Elvira da a un costado de la casa, y en la ventana de dicha pieza es en donde acaba de divisarla Eduardo.

Como más oculto semejante sitio, solió trepar siempre la colina por aquel lado a cubierto del mismo cerro mas abrupto allí y donde algún bosquecillo de cafetos puede también encubrir su marcha.

¡Cuántas noches a la luz de la luna ha sido otro Romeo para aquella Julieta! Él a caballo y ella desde su ventana cambiando las bellas palabras, el dulce vocabulario que los amantes aprenden sin maestros, y que si no lo expresan correctamente, no será porque no lo sepan de memoria. La luz de la luna faltaba rara vez a aquellos diálogos: porque todas las noches son de luna para los amantes y porque si ante ésta parecía el rostro de Elvira rival suyo a los ojos de Eduardo, en noche oscura se le mostraba Elvira como aquel astro por lo dulcemente que iluminaba su corazón.

— ¡Elvira!

— ¡Eduardo!

— ¡Perdón!

— ¿Te reconvengo acaso?

La joven no pudo contener las lágrimas.

— Voy a partir, dice Eduardo conmovido.

— Lo sé; todo lo sé.

— Lejos, muy lejos.

Leve temblor cuasi imperceptible, corrió por todo el cuerpo de Elvira, y una oleada del mar de su amargura se agolpó a su corazón.

Aquel "muy lejos" parecía querer decir ¡la eternidad!

— A España.

— Repito que nada ignoro.

No pudo concluir por los sollozos.

— Te amo y te amaré siempre.

Elvira muestra en sus ojos la tristísima duda.

— ¿Lo dudas?

— No lo sé; pero yo te amo con todo mi corazón. Mi vida parece aquel sol que se pone, está triste como él.

— ¿Triste cuando a mi me parece tan risueño?

— ¡Ah! porque yo no estoy alegre .

— ¿Lo estoy yo por ventura? Es que todo lo embellece tu presencia.

— ¡Por eso la buscas tanto!

— Supongo que no tendrás celos a causa de los falsos rumores que han corrido. Suponte que fue curiosidad...

— No, no quiero saber nada.

— Si no te amara, ¿habría venido?

— Te marchas *muy lejos,* y has sentido remordimientos.

— Remordimientos, por que te amo, ¡Oh! sí, Elvira, he sido un bárbaro, un monstruo; perdóname aunque no lo merezca. Te he hecho sufrir; pero algún día volveré en tu busca para llevarte a los altares.

— La distancia y el tiempo son graves obstáculos para quién sin ellos no supo amar.

— Precisamente me servirán de estímulo, como me ha servido la idea de que te apartaban de mí, para venir a verte.

— ¿Y tu amor necesita de ese estímulo? ¡Pobre de mí! ¡Ah! sí: que otra más dichosa te haga feliz...

— Elvira, recuerda la leyenda del Heliotropo que tanto plugo a tu corazón: mi Elvira, yo seré tu Edgardo, toma, he aquí un heliotropo que he cogido en el camino. Consérvalo y piensa en mí. Esa flor te dirá constantemente, que tu Eduardo te idolatra.

— ¡Elina! Elina murió de pena por que Edgardo la olvidó, y hasta iba a casarse durante la ausencia.

— Pero volvió...

— Y solo halló su tumba.

— Tienes razón; pero esta Elina vivirá para su fiel Eduardo, y cuando él torne, en vez de tumba, habrá para ambos el ara y las antorchas de himeneo.

— ¡Elvira!, dijo una voz que parecía en lo brusco la de una dueña.

Era la de su tía: lo mismo dá.

El guardador del ganado ladraba al lobo, y el lobo hubo de huir.

— Adiós y no me olvides — exclama Eduardo.

— Adiós — le dice Elvira arrojándole un jazmín que arrancó del arbusto: adiós... hasta... ¡quién sabe!

Y retiróse de la ventana saliendo al encuentro de su tía.

Eduardo bajó pensativo la ladera. Pajarito le llevaba lentamente, como si hubiese comprendido que su amo se alejaba con pesar.

Al llegar al llano, Eduardo vio a Elvira en la ventana y le envió un beso en alas de la brisa.

Elvira besaba el ramo de heliotropos; pero Eduardo no pudo ver que dos lágrimas bañaban sus corolas.

El sol lanzaba su último rayo, y la campiña se cubrió de tinieblas.

Al día siguiente por aquella hora, se alejaba una nave en el horizonte, y en la doble estela de espuma y humo y en las perlas que abrillantaba el hélice del vapor, iban consignados un suspiro y un recuerdo de Eduardo, para aquella tierra que se quedaba atrás mientras él se perdía en el horizonte de tres infinitos: el de las sombras nocturnas, el de los mares y el de lo porvenir.

¡Buenas noches y adiós, tierra natal!

Capítulo XIX

EN COMPENDIO.

Algunos meses han pasado desde que el héroe de estas páginas, habiendo dejado a Puerto Rico, se encuentra en la Capital de España a donde como hemos dicho, le envió su familia so pretexto de continuar sus interrumpidos estudios; pero con el fin verdadero de librarle del laberinto de aventuras a que su fogosa mocedad le iba arrastrando.

Y lograra dar cima a los tales estudios, a no ser por otros laberintos en que sus pasiones y las ajenas iban en breve a sumarle de nuevo.

Cierto día al entrar en su casa, de regreso de la Universidad, hallóse con la carta siguiente que su amigo Lasvosal, a quién ya conocemos, le dirigía desde su Antilla.

"Querido Eduardo: muy pronto tendrás en esa a la famosa Carolina. Luego que desplumó al pobre Villablanca y después de algún escándalo a este respecto, ha tenido por conveniente dejar esta ciudad en busca de otra más populosa y rica, y por consiguiente de más vasto campo a sus planes y travesuras".

Esto dejó pensativo a Eduardo ¿Y qué habrá sido de la pobre Elena? Se dijo suspirando. Pocos días después, hubo de encontrarse en la calle con Carolina, tan bella como antes, y mas artificiosamente seductora que nunca.

CAROLINA. *(Tendiéndole la mano cariñosa a Eduardo.)* — No tuve el gusto de tratar a usted en Puerto Rico; pero a la distancia de aquel país, que amé como mi nueva patria, los corazones se unen: seamos amigos.

La venenosa miel de aquel acento penetró en el corazón de Eduardo, que la miraba como fascinado. Tales palabras, acompañadas de la hermosa mano que le tendía; decidieron de él.

Pocos días después, no salía de la lujosa morada de Carolina, creyéndola ya un ángel, ya un demonio, según a la misma convenía: juego en que el incauto mozo iba entregando todas sus cartas, y dándose atado de pies y manos ante el imperio de fascinación tan deliciosa.

Carolina se prometía, merced al talento y otras condiciones del mancebo, trocarle, mediante su dirección, en hombre de mundo y de porvenir para sus fines y provecho: ¿Qué mal habría en que fuese el Mentor de la inexperiencia? Verdad es que para ello era preciso convertirle en el más sumiso Seide. ¿Pero para cuándo guardaba sus gracias y seducciones?

En este plan de convertir a Eduardo en hombre de mundo, de fomentar su ambición que ella se encargaría de encauzar, y de tornarle en intrigante, reservándose ella el manejo de la intriga; hay materia sobrada para extenso libro, no escaso de episodios y peripecias; pero nosotros que nos hemos propuesto sólo la pintura de las fantasías y veleidades juveniles, en una palabra: la leyenda de los veinte años; pasaremos como por sobre ascuas, por cima de estos detalles, y procuraremos trazar a grandes rasgos las páginas de esta juvenil historia, en la que, dado semejante calificativo, deberán predominar los tonos mas rosados y halagüeños; y pues barrenamos en nuestra narración el precepto de la unidad local, abusemos de esta licencia lo menos posible, restituyendo al lector, cuanto antes nos sea dable, al teatro primitivo de los acontecimientos.

Carolina se presentó en Madrid como señora de grandes rentas, gracias a Enrique y a otras víctimas anteriores.

Sus salones comenzaron por ser el centro, el *rendez vous* de la elegancia.

Poco importaba a los concurrentes, quiénes sólo iban allí en busca de solaz o conveniencia propia, la procedencia de los brillantes medios que tales resultados producían; por que a más de que no fuera de buen tono, preguntarlo a la heroína de la farsa, ¿tenían más que dejarse obsequiar pasivamente, ya que sólo se les exigía tan fácil docilidad?

Pero esto no bastaba: era menester convertir aquel salón, sin que perdiera su galante apariencia, en centro de desplume y de intriga política.

No tardó mucho Carolina en lograr éste propósito, y tócanos añadir, que nuestro Eduardo llegó a ocupar allí, lugar muy distinguido.

Carolina había conseguido respecto de éste, lo que Elvira con sus lágrimas y Elena con el romántico interés que le inspiraba, no alcanzaron ni aún a medias: fijar la mariposa.

Eduardo se creía amado y amaba con locura a Carolina: que tanto puede un Satanás cuando se convierte en mujer bella.

La sagaz Camagüeyana le había imbuido no sabemos que historia interesante acerca de su persona, mediante la cual venía a ser ella como triste víctima sacrificada, primero a una familia egoísta y ambiciosa, y luego a un mundo que confunde injustamente la realidad con la apariencia, calumniando a las víctimas que inmola. Confesaba extravíos *(por aquello de no negarlo todo)* pero hacíalos aparecer, antes bien como nacidos del despecho o de la fatal pendiente en que la colocaran, que del mal instinto y perversidad: era tan solo desgraciada, cuando pudiera tomársela por culpable. Llena del arrepentimiento que reconoce las propias faltas, proponíase la enmienda. Para esto solo había menester de una mano generosa que la amparase, y de un alma noblemente caritativa que la alimentase con savia más pura, en el fatigoso camino de su redención.

Este papel de redentor halagaba al cándido mozo, y el engreimiento que de esto le provenía, era no poca parte en la cadena que con el nombre de amor le habían impuesto.

Creíase como hemos dicho, muy amado; y al renacer la duda, cuatro lagrimitas de aquellos ojos o bien alguna escena muy dramática, en que, los afectados desdenes se mezclaban a las dolientes quejas, concluían por derretir su ánimo; si es que no caía a los pies de la cuitada, a quién hacía más infeliz con su conducta, según ella decía llorando a mares.

Y no entraba por poco en estas contriciones, cierto temorcillo de que Carolina terminara por cansarse de tan injuriosas dudas, y le cerrase las vías de su corazón; cuando aquel amor era ya para él segunda vida: temorcillo que por otra parte no andaba fuera de camino, siendo fácil el reemplazo por la abundancia de pretendientes. ¡Hasta en Otelo había sabido convertir, tan falaz Desdémona al voluble Marsilla, al despiadado Tenorio de otros tiempo.

A propósito de estas cosas: por si el lector no recuerda cierto párrafo traspuesto allá entre los primeros capítulos de esta historia, vamos a copiarle de nuevo aquí, por vepin a pelo:

"Ni es en aquellas mocedades la virtud de la mujer lo primero para nosotros. Deslumbrados por la hermosura que nos absorve como único merecimiento; ante la habilidad de la coqueta hermosa, somos sobrado

indulgentes con lo de antaño, luego que por el giro de la suerte viene a ser nuestra inmaculada Dulcinea. Entonces, ¡ay! del que las mueva o se le antoje hablar de lo pasado. Un nuevo Roldán o un Don Quijote le saldrá al encuentro".

Esto último había acontecido a Lasvosal. Eduardo le escribió justificando a Carolina, y como el primero le replicase poniéndole en guardia contra las asechanzas de aquella, nuestro amartelado mozo no tornó a escribirle, como resentido por tal tamaña *"injusticia"*.

Capítulo XX

CONTINÚA EL COMPENDIO.

Convertida la tertulia de Carolina en centro político, no dejó de producir más de algún pastel de idem, ni muchos de los amasados en otras partes, dejaron de recibir allí su condimento.

Eduardo formaba parte de una redacción, con prospecto de ser su jefe, recibiendo inspiraciones de aquel grupo.

Carolina pasaba su mano de fuego satánico sobre los entusiastas artículos del joven, y era la bruja encantadora que llevaba a los oídos de aquellos Macbeth el aliento de la energía.

La última palabra, la perfección de cualquiera intriga, debíase a sus labios y numen cuasi siempre, y prendados de tan fino ingenio aquellos hombres, dajábanse guiar por quién, a la hermosura y donaire mujeriles, sabía unir nuevo atractivo.

La mente de Eduardo había desplegado todo su ambicioso vuelo. Soñando con brillante porvenir, le anhelaba tan sólo para el bien de los hombres, es decir, que iba de buena fe; aunque rodeado de taimadas esfinges en que nada era fácil de descifrar, salvo su ambición del poder por el poder.

Pero era forzoso alimentar con la sustancia metálica la importancia y el lujo de semejante círculo. Carolina que era su centro, aunque subvencionada ya por los arbitrios que había logrado imponer a los ejes fundamentales de tan hábil monipodio, quiénes sembraban valores vencederos algún día y a cargo de la madre nación, había menester de mayores recursos para sostener su auge. Teatros, espectáculos, saraos brillantes, comidas espléndidas, en todo era preciso descollar, y todo era poco a la voracidad de los socios industriales, que sólo daban allí, para lo futuro, el crédito del nombre y la habilidad reconocida.

Por lo que atañe a su propia cuenta, no dejaba de llevar siempre Carolina al retortero, algún opulento Rui Capon, cuyo caudal, por californiano que fuese, convertía ella en grano de anís con la gracia y facilidad más escogida; y como cada una de estas intriguillas particulares eran motivo de celos para Eduardo; de tempestad en tempestad y de oasis en oasis, iba pasando tan tortuosa vida.

Por fin subió a la poltrona uno de los más importantes socios, y el favor de Carolina, honrándole más, llegó a trocar a Eduardo en verdadera furia: ni la diputación con que hubo de halagársele bastó a calmar su enojo; por que si sus celos hasta entonces fundábanse en hipotéticas teorías, ahora que había visto, no aceptaba el papel que en la comedia le asignaba su Mentora.

Saltó, y una vez en oposición al grupo, agotados todos los recursos hechiceros de su maga para atraerle al buen terreno; concluyó ésta por sustituirle con mayor ostentación, dejándole por puertas.

Carolina estaba cansada de aquel majadero que se permitía semejantes susceptibilidades a su costa, y desesperaba ya de trocarle al fin en el hombre de mundo que había imaginado.

El despecho llevó a Eduardo a injuriar grave y públicamente al que le suplantaba, y sobrevino el lance que era de rigor en tales casos.

La suerte favoreció al joven, y la bala de su pistola puso al contendiente a las puertas de la tumba: por muchos días se mantuvo en los círculos de la villa la incertidumbre; pero cansado a su vez nuestro mozo de semejante manera de vivir, y recordando a Lord Byron, dióse a buscar otro Misolonghi en qué terminar de algún modo digno su existencia.

Imaginólo y púsolo por obra, precisamente cuando su duelo con el alto personaje acababa de darle cierta *celebridad* en los círulos públicos, que hubiera acabado por serle provechosa. Dígalo, si no Carolina, barómetro fiel de las circunstancias, quién renegaba de lo que daba en apellidar torpeza suya ¡privarse de un mozo de tantas esperanzas y que también sabía irse al bulto!

Héle ya en Italia: no con los franceses, por que Napoleón III no era el héroe de los veinte años, sino en el Tirol con el romanesco Garibaldi.

Varios encuentros en que lidió con el ardor irreflexivo de la juventud desesperada, algunas dolencias que la edad le ayudó a vencer, y una bala que hubo de dejarle cojo para siempre, fueron el fruto de la campaña para su cuerpo, que no para su ánimo: pues si quedó satisfecho de sus bríos, no así del resultado que, según sus miras generosas, dejó incompleto la paz de Villafranca.

Embarcóse para su país.

No había obtenido la muerte gloriasa de Lord Byron; pero cojo también, podía repetir lo del proverbio: ,

A tu tierra grulla
aunque sea en un pié.

Capítulo XXI

DE CÓMO POR DONDE SE VA PUEDE VOLVERSE.

Han pasado algunos años desde que Eduardo dejó su tierra: los suficientes para que se advierta, aún por los más miopes, que todo cambia en éste mundo.

La nave que devuelve a Eduardo a su país natal, camina más que lentamente para su alma; pero al cabo, llegó un día en que dejó de mostrarse ante su proa la extensión interminable: cierta nubecilla brotó del seno de las ondas, allá, lejos, en el horizonte, y fue saludada por los marinos con la voz de ¡tierra! aclamación que resuena gozosa en el corazón de los navegantes cansados de tanta inmensidad.

A excepción de Eduardo, no había en la navé quién pudiera saludar a aquella tierra con el dulce nombre de "patria".

Solo sobre la cubiertar, no tiene con quién partir las tiernas emociones del regreso, no tiene a quién decir con el pobre Vidarte que murió sin realizarlo:

Despierta ya, alma mía, el tiempo avanza,
y al asomar su disco el sol dorado
verás cual se dibuja en lontananza
verde gigante de metal preñado.
Verás cabe su planta orgullecida.
de flores un fantástico pensil,
donde rico de luz, de amor y vida
ostenta sus primores el Abril.
Y verás mas allá, cuando velera
se vaya nuestra barca aproximando,
una peña blancuzca y altanera
que está del mar en brazos dormitando."
Y sueña con que ve...
aquel gigante que en el agua asoma",
y exclama alborozado: ¡sí, es Luquillo!
Y cree mirar cabe su planta umbría

> *fantástico el jardín de flores rico*
> *donde vive el Abril.*
> *Y exclama alborozado: ¡Es Puerto Rico!*
> *Y sueña con que ve la peña aquella*
> *que está del mar en brazos dormitando*
> *vestida de castillos, rica, bella...*
> *y cree soñar cuando la está mirando.*

Varias señoras salían de un templo: Elena era una de ellas. Viuda ya: su esposo se suicidó a consecuencia de sus malhadadas relaciones con Carolina, quién al arruinarle le dejó, y lo que es más, sin el corazón de su esposa, muerto a su vez: que también los corazónes se suicidan.

Y ¡cuán desmejorada está aquella rosa del abril un tiempo, aquel lirio antes hermoso, hoy tan pálido y ya cuasi marchito!

En su dolor, Eduardo; comprendió el ajeno, y ni aún osó detenerla.

Llega la noche: la luna es la misma de otro tiempo; pero ¡ay! ya no alumbra como entonces...

La casita de Elvira, el templo de sus primeros amores, se ha convertido en taller prosaico: en donde antaño se hacían idilios, hoy se confecciona lo que en nada se les parece.

Elvira habita otra casa más holgada y elegante, aunque modesta a su vez.

¿Quién es aquella mujer que mecida en su silla — columpio y rodeada de tres niños lee entretiene y acaricia?

¡Elvira! — exclama Eduardo.

A esta voz, se conmueve aquella y se dirije a la ventana: joven y bella es todavía.

— ¡Eduardo!

— Creía encontrarte en la tumba por que tanto suspirabas.

— Siempre el mismo, con sus sarcasmos.

— ¿Recuerdas aquel amor?

— Los tiempos ya pasaron.

— ¿Y esos niños?

— Soy madre y soy esposa.

— ¿Tú?

— Usted ¿no estaría mejor?

— ¿Qué importa?, si ya has muerto para mí como yo para tí.

Momento de silencio.

— ¿Y quién ha sido tan dichoso?

Elvira se ruborizó y bajó los ojos.

— Vas a creer que tus celos eran fundados.

— ¡El Capitán!

— El mismo; pero no fue inconsecuencia. No pensaba en él cuando te marchaste. Después llegó a mi noticia tu olvido: insistió él, mi madre apoyó su demanda y...

— Te casaste por complacerles.

— Por despecho.

— ¿Y ahora?

— Le amo, y estos son sus hijos y los míos... Adiós, Eduardo.

— Adiós — le dijo éste; ya nada le admiraba.

Y exclamó para si retirándose de la ventana.

— ¿Hasta cuando debía la infeliz guardarme consecuencia?

Prometíase que la tumba fuese su amparo tras mi desamor; pero, ¿no estaba ella también en los veinte años? Se engañaba como yo, con tan risueña mentira.

— ¡Elvira, Elvira! fuiste vengada, — murmuraba alejándose, cuando vio entrar en la casa al antiguo Capitán que era ya Comandante.

A la mañana siguiente fue a ver a Lasvosal a quién encontró más filósofo, es decir, más retraído que nunca.

Llega Eduardo a pedirle perdón por la mala voluntad que por causa de Carolina le había tomado en Madrid, cuando recibió la réplica de aquel a su carta consabida.

— ¿Por fin es ángel o demonio? — le dijo Miguel tendiéndole los brazos con cariño.

— ¡Estás vengado! respondióle Eduardo, abrazándole con efusión.

Algunos días después, supo nuestro héroe que Carolina había ido a parar quién sabe a donde, por causa de grandes fraudes en que no faltabam grandes cómplices.

— Tal era su carrera — se dijo Eduardo. — También ella ha ascendido como los demás.

Y como pasase por la casita en donde moraba Elena, triste, sola y pobre, exclamó: También estás vengada; y si la carrera del dolor inmerecido es carrera para el cielo, en la tuya también has ascendido.

Eduardo había sacado de su primera juventud algunas heridas en el cuerpo y muchas en el alma: algunas a su vez había causado, y gracias a que no las llevaba en la conciencia, juzgándose un tanto libre de graves remordimientos.

Gozábase en recorrer de vez en cuando el teatro de su juventud, bajo el cielo que le había visto nacer y cobijado tantas ilusiones ya desvanecidas.

La soledad del campo, la mañana serena, la tarde apacible, la vista de alguna bella joven a la luz de la luna, conmovían su corazón, y le llevaban a otro tiempo más grato; y es que, como dijo el famoso Beranger: "Siempre tiene uno los veinte años en algún rinconcito del corazón".

~ FIN ~

CLÁSICOS DE PUERTO RICO

A ORILLAS DEL RHIN

DE
ALEJANDRO TAPIA Y RIVERA
~ 1874 ~

EDICIÓN DIGITAL POR JUAN RAMOS IBARRA PARA
PUERTO RICO EBOOKS

TODOS LOS DERECHOS RESERVADOS. COPYRIGHT © 2015, 2022
EL DISEÑO DE LA PORTADA Y EL DISEÑO DEL LIBRO POR JUAN RAMOS IBARRA
SON PROPIEDAD DE
PUERTO RICO EBOOKS ©.

EL TEXTO PERTENECE AL AUTOR
ALEJANDRO TAPIA Y RIVERA.
TODOS LOS DERECHOS RESERVADOS. ©

A Orillas del Rhin

Dedicada a mi amigo Miguel Vasallo

Capítulo I

Ya dijimos en la "Leyenda de los veinte años", que Miguel de Lasvosal vivía en una casita de Cangrejos, rodeada de palmas y graciosamente rústica. También dijimos que cuando Eduardo, su amigo, tenía veinte años, Miguel frisaba con los treinta y que había pasado la mayor y mas florida parte de ellos en curiosos viajes: que tenía aficiones artístico — literarias que le llevaban a vivir cuasi retirado y sólo en donde nadie piensa ni en letras ni en artes: que dividía el tiempo y su renta entre su casita filosófica, como él la llamaba, y los viajes que, como acabamos de decir, solía emprender de vez en cuando.

Dijimos también que si cultivó el amor, fue por lo que este sentimiento tiene de semejanza con el arte; y debemos no olvidar que cuando dio aquel almuerzo en el jardín de su referida casita, al Capitán Perez y a Eduardo; en la expansión de la sobre — mesa, hablando de sus viajes, expresó que en Andalucía le había sucedido lo que a Lord Byron: había aprendido a amar.

Entonces semejante dicho era tal vez de pura fantasía; pero andando el tiempo y cuando lo futuro vino a presente, pudo explicarse como predicción, como presentimiento: porque en efecto: en Andalucía, aprendió a amar en serio o mejor dicho: amó por la primera vez.

Capítulo II

Cádiz es una bonita ciudad que fundaron los fenicios, y que los romanos, los vándalos y los árabes repoblaron sucesivamente según la historia; pero según la belleza griega de sus hijas, podría creerse que fue una petrificación de Venus al salir de la espuma de los mares.

En unos de los viajes de Lasvosal a Europa, ponía el pie en los muelles de aquella ciudad, en los momentos en que estaba allí para dejarla con sus padres y una hermana cuasi niña, una bella joven, personificación, en cierto modo, de lo que acabamos de decir.

Aunque nacida en Cádiz, mostraba sin embargo en su tipo, la mezcla de sajón, raza de su padre, caballero de agradable presencia; y de andaluz que era la de su madre, dama gaditana, bella y joven todavía. Es decir: que la que, según parece, va a ser nuestra heroína, era el mas encantador injerto que a las razas humanas pudiera pedirse.

Ojos azules y cabello negro: cutis blanco mate parecido al mármol: busto helénico, facciones inglesas, talle, gracia y formas de la hechicera hija de Cádiz

Si Lady Hamilton, la afamada Venus del Norte, que deshonró a un Hamilton, dominó a una reina Carolina y fascinó a un Nelson, podría compararse con ella en lo físico; el cuerpo de la joven que ahora intentamos describir, estaba muy distante de ser, como el de la famosa lady, paraíso mortal, asilo del alma de un réprobo, ni tampoco el palacio espléndido de la impostura, según las expresiones de Julieta, la hija de Verona; antes bien era el único posible asilo aquí en la tierra, de un alma creada para el Cielo.

El pobre Lasvosal quedó como hechizado. Si a sus ojos el amor guardaba semejanza con el Arte, aquella mujer era la obra más idealmente concebida y más artísticamente acabada: poesía en acción que recordaba el verso de Crisófilo:

Con formas concebid la simpatía.

Sí, como acabamos de decir, Miguel quedó prendado, enamorado, loco; de ella ¿qué diremos?

Sin duda le habría sentado bien tener a su lado en aquel momento, una nodriza, como la de Julieta, para preguntarle como la misma y con igual tierno interés: "¿quién es ese hombre?" — Pero Lasvosal leyó en sus ojos esta pregunta, y si sus labios callaron; sirviendo de eco al corazón, pareció responderle: "soy quien te ama."

A la sazón el organillo de un saboyardo que acertó a pasar por allí, tocaba un vals, que si era bello y apropiado a tal momento y a tales corazones, por cierto no sé qué de sus notas, expresivas de la mas dulce y fantástica vaguedad, hubo de representárseles como el eco de un sueño deleitoso, del que anhelaban no despertar.

La joven sacó de su bolsa de viaje y Miguel de la suya, simultáneamente, como si fuesen movidos por el mismo resorte, una moneda de plata que arrojó cada cual al músico aventurero. Sorprendido éste al encontrarse con tan espléndida paga vaciló como si soñase a su vez; pero los viajeros estaban so brado abstraídos y allá cerca de un cielo, para detenerse en el valor de los metales de la tierra.

El saboyardo hubo de comprender la eficacia del talismán, continuó tocando el wals que tales prodígios ocasionaba, y necesario fue a la joven el llamamiento de su madre para volver a la realidad de un viaje, que sin duda no era ya de su gusto. Por lo que atañe a Lasvosal, tan suspenso andaba su ánimo en la contemplación de tan atractivo rostro, que al poner la joven el pie en el bote, perdió la ocasión de ver cuan breve y gracioso era.

Apartóse del muelle la barquilla que llevaba a aquella mujer tan bella para todos, tan ángel ya para Lasvosal, y éste permaneció allí confundiendo aquel querido grupo en un solo punto, en una sola vela: fugitivo cisne que había dejado en su oído la melodía de su canto.

Y cuando el bote portador de la joven, estaba ya para llegar a bordo del vapor que se disponía a zarpar, oyó Miguel una voz que le decía:

— Señorito, ¿a dónde se lleva el equipaje?

Voz prosaica que hubo de sacarle de su éxtasis: era la de su fiel Antonio, negro encanecido en el servicio de la familia de Lasvosal, y a quien la bondad de Miguel había hecho libre desde mucho antes de la emancipación general de los esclavos de la isla: bondad correspondida por aquel prototipo de la adhesion doméstica.

Lasvosal no sabía qué disponer acerca del equipaje, por que tampoco sabía a que atenerse respecto de sí mismo.

Sus viajes eran emprendidos por pura distracción y deseo de instruirse. Llegaba a Cádiz, como habría desembarcado en cualquiera otro puerto, es decir, que no llevaba objeto ni rumbo fijos.

¿Qué habría de hacer en aquella ciudad, si lo que podía fijarle allí se alejaba?

Decidióse a ir en seguimiento de la dama, y con esta mira, dio órden a su fámulo de que le aguardase allí. Preguntó a varios la dirección del vapor que iba a salir, y logró saber que se dirigía a Marsella y que sus consignatarios los Sres, F*** podrían darle mas precisos y minuciosos informes.

La casa de aquellos Sres. estaba cercana al muelle, y fuese allí rápidamente con la idea de arreglar su embarque en el expresado vapor, si aún era tiempo.

Pero ¡qué desencanto! Había que llenar formalidades cuya materialidad requería espacio, a saber: refrendar el pasaporte y aún visarle en el Consulado francés, sin cuyos requisitos no sería admitido a bordo, y el buque comenzaba a levar y se ponía en marcha ¡Oh! cruel materialidad que así venía a interponerse entre dos seres que acababan de encontrarse. La corriente simpática se rompía, la unión se frustraba, y aquel encuentro de dos almas se tornaba nulo, tal vez se hacía imposible acá en la tierra.

Tornó Miguel al muelle desalentado; pero sabedor ya del nombre de la familia que pretendía seguir, venía en auxilio de su propósito, alguna, aunque vaguísima esperanza.

La joven se llamaba Teresa, bello nombre que invocar en sus ensueños; y su apellido Koerner, recordaba al célebre poeta a quien la Alemania denominó su Tyrteo. Quizás el padre de Teresa era de aquella familia, cuyo nombre, aunque no raro en aquel país, podía servir de hilo a Miguel (ya que no tenía otro) en el ovillo que se proponía desmadejar.

A punto de dejar el muelle, preguntó Lasvosal al Saboyardo, que le seguía como su sombra, el nombre de la pieza que tanto le había impresionado, y aquél le mostró en el órgano una tablilla en que bajo el número tantos, decía: *Aux bords du Rhin je pense á toi* (A orillas del Rhin yo pienso en tí).

¡El Rhin! — pensó nuestro amigo. ¿Si será revelación? — Partamos, pues, y las orillas del gran río serán mi meta.

Alguna necesitaba en la aventurada excursión que se proponía.

Antonio llevó el equipaje a la posada. Llenáronse al punto las formalidades requeridas, y para no aguardar a la salida de otro vapor, con igual destino, lo que no acontece allí sino entre días; resolvió Miguel partir por los caminos de hierro. Emprendió pues la marcha con su fiel Antonio en el tren correo de aquel día, con dirección al Norte. Aquel inteligente y leal servidor era lo más oportuno para quien viajaba preocupado con la imagen, que cual polo magnético le arrastraba. — ¿Qué habría sido del equipaje, en las paradas y alojamientos? ¿Qué de las alforjas sin aquel Sancho previsor? ¿Qué de las horas de partida sin aquel exacto reloj, sin aquel indispensable Antonio, que velaba por quien, si no dormido, iba por lo menos soñando?

Capítulo III

Cruzó, pues, la Península, y después de infructuosa parada en la Capital de la antigua Provenza, llegó a Bruselas. Una vez en las orillas del Rhin, paróse a buscar con mayor esmero que hasta entonces, a la Teresa que le llevaba allí.

Su propósito era de recorrer aquel famoso cauce, desde el Zuiderzée donde se vierte casi por entero, hasta las cumbres Helvéticas en donde tiene origen; sin dejar de recorrer, si era preciso, los brazos en que se dividen o esparcen sus copiosas linfas: visitar las ruidosas cataratas en que aquellas se convierten en perlas y vaporosas brumas que esmalta el íris: en una palabra: no omitir paso, ni darse por vencido, hasta encontrar de nuevo aquella dulce visión, que había cruzado ante sus ojos como suavísimo rayo de ventura.

Y si por acaso no daba con ella en las ciudades, interrogaría a cualquiera de las magas que moran en las orillas de un río tan coronado de historias y leyendas: por si su amada se había convertido allí en ondina, abismarse tras ella cual otro Walter tras la famosa Larelei.

Gante, Lieja, Aix la querida ciudad de Carlo Magno, Colonia, la de la hermosa y no acabada catedral, que según la leyenda, debió su plano al Diablo a costa del alma del arquitecto; Maguncia, la que la imprenta hizo famosa; Constanza, en que ardió la hoguera de Juan de Huss, y tanta ciudad célebre que moja sus pies en el gran río: Johannisberg e Ingelheim que mantienen el renombre de sus vinos: las pintorescas ruinas de que aquellas orillas están pobladas y que embellece la fantasía con sus poéticas historias; recibieron la visita de Lasvosal.

Anduvo de ciudad en ciudad, de aldea en aldea y de *chateau* en *chateau*, toda aquella comarca: remontó las aguas del río en todo lo que de él es navegable, en los vapores consagrados allí a esto: cruzólas en barca con diferentes rumbos, ya abandonada por la corriente a riesgo de estrellarse contra las rocas y recodos en que abunda el río, ya visitando la mayor parte de las preciosas islas que se elevan en su cauce. Preguntó en vano uno y otro día y por todas partes, ora al viajero, ora al labrador, al castellano y al batelero, en alberges y hosterías, en muelles y escritorios, por aquella familia Koerner, apellido que todo el mundo conocía; y más de un estudiante o turista alemán hubo de mostrarle, sacándole de su mochila, La lira y la espada, libro del poeta de aquel nombre, muerto en guerra nacional; pero nadie le daba razón de la familia del mismo apellido que tan afanosamente buscaba. Y como el alma del hombre, aun el más ilustrado, cuando ama, tiene niñerías que sólo el amor sabe apreciar, veíase forzado nuestro amigo a invocar la reflexión, como medio de conformarse, conque todos no conociesen al padre de su celestial Teresa, y que una criatura como aquélla pudiese vagar por el mundo sin llenarlo de res plandores.

Capítulo IV

Desalentado y triste andaba Lasvosal, al ver que habían sido infructuosas sus tentativas para dar con su buscada Teresa, cuando por fin y para contento suyo, paseándose una tarde por entre unas ruinas de las que, según acabamos de indicar, embellecen aquellas orillas, testificando allí el paso de Roma y de las posteriores edades góticas; oyó, como si fuese el eco de las mencionadas ruinas, una armonía que hubo de sorprenderle y que le atrajo como al navegante la voz de la sirena…

Eran los ecos de un piano, y aquellas notas, que poco a poco pudo percibir mejor y le pusieron a punto de enloquecer, eran las de un vals: las de su querido e inolvidable vals.

No acertaba a moverse por temor de interrumpir aquellos dulcísimos sones… Por fin la mano que los producía dejó de tocar. Salió él de entre las ruinas, y junto a ellas, casi como su reedificación en parte, vio una hermosa quinta o chateau, que sin duda era de los pocos que se habían ocultado a sus pesquisas.

En una ventana casi cubierta de floridas enredaderas, y que daba al jardín que servía de vestíbulo y entrada a la casa de donde debieron salir los sones del vals, estaba una joven, y… ¡oh! ¡pasmo celestial! ¡era Teresa!

Al ver a Miguel, hizo ella como ademán de retirarse; pero al cabo quedóse allí: había tal vez reconocido al que rondaba. ¿Cómo habrían de huir uno de otro, si querían sin duda decirse tantas cosas?

Decidióse nuestro amigo a penetrar en la casa, y Teresa, la rosa pálida como la llamaba aquél, sonrosada un tanto de rubor o de alegría quizá, le presentó a su madre.

Lasvosal tenía toda la apariencia de lo que era: de un caballero, y la Sra. de Koerner le acogió con afable cortesía.

Acaso imaginó en aquel turista, que se presentaba allí como extraviado en su excursión, cierto sospechoso encogimiento que, revelando lo que el corazón pretendía ocultar, traicionaba la apariencia: el instinto materno es demasiado penetrante, para que la buena Sra. dejase de adivinar que por allí andaba el amor, aunque velado todavía.

Señora — dijo Miguel — no es esta la vez primera...

En Cádiz al embarcarse ustedes para Marsella...

Y la Sra. de Koerner, dirigiéndose a su hija, exclamó:

— Vamos, este caballero...

Palabras y reticencias que encerraban un poema de revelaciones.

¡Oh! — pensó Miguel con alegria suma — ¡han hablado de mí!. Reflexión grata que tradujo diciendo: — Sí Señora, soy el mismo.

Palabras que a su vez querían expresar: — "Teresa, si en las orillas de ese río has pensado en mí; yo he soñado contigo y he venido buscándote por todas partes"

Mencionó Lasvosal su nombre, su país, la posición de su familia: citó personas respetables de Cádiz, de ambas partes conocidas, referencias como diría un comerciante inglés, tan sólidas y recomendables, que la Sra. de Koerner no tuvo el menor inconveniente en admitir su trato y compañía, con todas las consecuencias legítimas que de ambas cosas pudieran ocasionarse.

Ausente a la sazón el padre de Teresa, estaba para regresar próximamente de otros puntos de Alemania adonde le llamaron sus negocios; y mientras tanto nuestro amigo, que se había hospedado en una posada, no distante de la quinta de Koerner, menudeaba sus visitas a ésta, bien recibido en aquel hogar que hallaba tan grato, y en el que soñaba con entrar algún día como parte integrante del mismo.

Teresa, sobrina del famoso poeta que hemos ya mencionado, no era indigna del nombre que La lira y la espada de aquel habían ilustrado, y por lo tanto unía a su belleza como mujer, otro mérito más estimable aún: el de la inteligencia cultivada, Lo esmerado de su educación, la elevación de sus sentimientos, las inapreciables dotes de su alma, hacíanla adorable a los ojos de Lasvosal, quien, aun cuando no hubiese exagerado tan seductoras prendas al contemplarlas bajo el prisma aumentativo del amor, habría sabido estimarlas debidamente.

Instruida Teresa, como se instruye hoy a las mujeres de su clase en ciertos países, no era extraña su mente al conocimiento de la historia, de las ciencias, ni de las letras; y el bello adorno de la Estética que poseía científicamente, como educada en Alemania, y como parte de una familia con quien el Arte y su síntesis la Poesía no andaban reñidas;

antes bien, todo lo contrario; la completaba como artista de corazón y de entendimiento.

Ni le eran tampoco desconocidas las principales lenguas de la moderna Europa; así es que, tanto su biblioteca como su conversación, ofrecían material suficiente a sus conferencias con Lasvosal, amante de todas estas cosas; si ya no hubiese sido sobrado hechizo para entrambos, el amor de que se sospechaban dichosas víctimas.

Petrarca y Metastasio, Lamartine y Espronceda, Byron y Schiller, solían hacer el gasto en tan dulces pasatiempos, según que interpretaban, más o menos, el estado vago a par que anheloso de sus corazones.

En cuanto al piano, solía comenzarse por la serenata de Schubert, en gracia de su amorosa letra; y bien podía girarse luego al través de los mundos armónicos de ayer y hoy, y aun perderse en la fantástica música que se ha dado en llamar del porvenir; en todo caso, ya por un lado, ya por otro, venían a parar en lo que quizá no podría decir nada a los músicos; pero que a sus corazones decía tanto: *Aux bords du Rhin je pense á toi*: coro angélico para sus almas.

Mas, como todavía no se articulaba otro lenguaje que el de los ojos y el de las indirectas, para lo cual solían servir, ha blando por ellos, los poetas y músicos citados; faltaba que las palabras viniesen a fijar toda aquella dulce electricidad acopiada en sus corazones, a la manera que la letra fija el sentido del canto, o que la luz del día va precisando los contornos, que la noche diseña imperfectamente con la vaguedad de las sombras, Y aunque el corazón no sepa dictar siempre a la palabra lo que siente; al cabo iba siendo indispensable determinar con ella lo que se hacía ya forzoso definir: era pues necesario que Lasvosal y Teresa se dijesen, lo que, más temprano o más tarde, acaban por decirse todos los amantes; pero que nunca por antiguo será anticuado.

Capítulo V

Es la hora en que el ruiseñor comienza a entonar con más entusiasmo sus cantares, saludando al rey de nuestro sistema planetario, que envuelto en su manto de púrpura y oro, se abisma en occidente, y en que las flores diurnas comienzan también a cerrar sus corolas para entregarse al sueño. La blanda brisa de la noche mueve de vez en cuando las hojas ya casi adormecidas; en tanto que el insomne rumor de las aguas corrientes resuena más monótono al parecer, como si quisiera arrullar al Sueño, que va esparciéndose por donde quiera envuelto en su sábana de sombras: hora melancólica y dulce que con vida con el reposo al fatigado, y a los amantes con el amor. Crepúsculo suave en que la luz no lastima y en que la sombra no entristece: plácido y encantador himeneo del día que tiende sus brazos a la noche.

En una de las deliciosas islas que el Rhin forma en su cauce, existe una casa rústica rodeada de un jardín, que por lo bello, recuerda los de la maga Armida.

Allí han ido Miguel y Teresa en son de paseo aquella tarde, en compañía de la madre y hermanita de la segunda.

Los dos jóvenes sentados a orillas del río, contemplan pensativos aquella corriente que se va, como la vida del hombre feliz, por entre flores. Las opuestas orillas con sus quintas y jardines, las praderas y viñedos, las poéticas ruinas que el musgo y la yedra escogen por morada contribuyendo a embellecerlas, el despejado cielo de estío cobijando estos encantos: de vez en cuando alguna barquilla que se deja llevar por la hinchada lona, algún vapor que sube al río cargado de paseantes, y cuya humosa cabellera se pierde en los aires; todo esto convida a creer, que el paraíso de nuestros primeros padres dejó sus ruinas en los humanos corazones, y que cuando éstos son dichosos, renace en ellos, reverdeciéndose aquellas flores que secó el dolor y aquellas delicias que ahuyentó el mal. ¡Si tan bello renacimiento no fuese momentáneo!

Miguel. — ¡Y creer que tantas bellezas físicas y humanas hayan sido creadas para un día! ¿No es verdad, Teresa, que siendo la vida tan corta, no valdría la pena de haberla dado tan bellos momentos ni tan arrobadoras esperanzas?

Teresa. — Y sin embargo, pregúntese al que sufre, y dirá que la encuentra demasiado larga.

Miguel. — ¡Pero si siempre fuese como ahora!

Teresa. — La perspectiva de la muerte sería horrible sin la esperanza de renacer; y la vida, sin otra posterior, sería una burla cruel, indigna del más justo de los seres. Por eso creo que la vida es lo permanente, y que el morir no es otra cosa que una leve interrupción, o mejor dicho, una ilusión como la que nos lleva a suponer que ese sol muere, cuando lo que hace es ausentarse de nosotros por algunas horas.

Miguel. — Así lo creo: en cuyo caso la muerte no viene a ser para el hombre sino un punto de reposo o de examen de conciencia, quizá ocasión de premio o de castigo. ¡Oh! es muy dulce imaginar que el ser es lo natural, y que aunque el no ser le sea idéntico, la vida es lo permanente, lo universal, lo positivo y lo absoluto.

Teresa. — Me parece qué ciertas almas ganan con semejante interrupción, porque dejando en este mundo lo que éste les ha prestado temporalmente, se llevan lo que idealmente se ha identificado con ellas, para sobrevivir con su inmortal esencia, personificadas con la misma. Yo casi me atrevería a asegurar que he vivido antes, y que mi alma conserva recuerdos de la vida anterior, como habrá de conservarlos de ésta en otra futura.

Miguel. — Yo diré más: creo que la he conocido a usted en otra parte, en otra existencia. ¿Cómo, si no, explicarme lo que siento al verla usted, lo que sentí al verla por primera vez?

Ambos callaron y bajaron los ojos como pensativos, como si habiendo dicho mucho, temieran llegar a decirse demasiado.

Así terminaba una disertación, que a no haber estado tan impregnada del sentimiento que les animaba, habríase podido juzgar por alguna alma fría, como un tanto pedantesca. Pero no eran los que hablaban dos seres vulgares, y aunque hubiese sido así, con otra forma cualquiera, se habría disertado sobre el mismo punto: porque como el amor no está llamado a vivir de lo finito, va siempre a buscar esferas superiores, y a aún con frecuencia, y sin pretenderlo, va a parar a Dios. De tomar el rumbo opuesto, iría a parar al Diablo; si bien es cierto que aquel sentimiento entonces llevaría o debería tomar otro nombre

El rostro de Teresa se puso más pálido aún que de costumbre; pero era la palidez de la felicidad que se iba con su vida al corazón.

Lasvosal contemplaba aquellos ojos, fijos en la flor que ella maquinalmente deshojaba.

Miguel. — ¡Pobrecita flor! ¿Que mal ha hecho esa rosa para ser así tratada? Ella copia ese semblante en la bella palidez de sus hojas y vuelve a usted los perfumes que la da… ¡Válgame Dios! tanto admirar la belleza, para destruirla de ese modo!

Teresa. — Tiene usted razón; aunque rechazo el paralelo.

Miguel. — Al rechazarlo, lo fortalece usted; puesto que la modestia aumenta la semejanza.

Teresa. — Hablemos de otra cosa ¿no es mejor?

Miguel. — Como usted guste; pero esta conversación era tan grata!

Teresa. — Pronto partirá usted, regresará a su América.

Miguel. — De usted pende que Europa sea mi segunda pátria, o que América sea aún mas hermosa ante mis ojos.

¡Cómo! — balbuceó Teresa cual si no comprendiese,

Miguel. — ¿La discreción pidiendo explicaciones a lo evidente?. Vuestro padre debe llegar de un día a otro ¿quiere usted que le repita mis palabras, para ver si las explica a quien no quiere comprenderlas? Mas breve aún ¿quiere usted que lo pregunte a la buena mamá?

Teresa. — Calle usted, que ella se acerca.

Así era en efecto.

La Madre. — La noche se aproxima y debemos regresar.

La Niña. — ¡Qué lástima! ¡En tarde tan bella dejar tan presto estos lugares! ¡Qué fugaz es lo que agrada! ¿ No es cierto Sr. de Lasvosal?

Miguel. — Así es, hija mía, porque ¿la vida que sería si sólo existiese la ventura? Nos llamaríamos dichosos sin saber lo que decíamos; cuando el principal encanto de la felicidad, consiste en el temor de perderla.

La Niña. — Parece que es usted muy feliz en estos momentos, casi tanto como cuando oye usted aquel vals. A propósito del mismo: sin duda fue escrito en estos lugares.

Miguel. — Y juraría que el músico los veía como yo: con un paraíso en el corazón.

Teresa. — Nuestro amigo no habrá dejado de sufrir en el mundo, y por eso habla de la felicidad con tanto entusiasmo.

Miguel. — Ciertamente, y espero que nunca más volveré a juzgarme desgraciado.

Teresa. — ¿Lo cree usted así?

Miguel. — Alimento esta esperanza.

La última palabra fue pronunciada, más que como afirmación, como pregunta. Teresa se estremeció y no de terror indudablemente.

— Vamos, que la barca nos espera — dijo la madre, y saltó en ella con la niña, ayudadas ambas por la mano de Miguel, quien fue en seguida y anheloso a prestar igual auxilio a Teresa. Esta, que se había quedado atrás y era la última en embarcarse, murmuró casi al oído de Lasvosal recibiendo con la suya temblorosa la mano que éste le tendía:

— Mi madre lo supone: pregúntelo usted a mi padre.

Fácil será de imaginar la alegría con que oyó nuestro amigo aquella declaración, más elocuente para él, que cuantas dulces expresiones pudiesen contener en sus eróticos cantares Petrarca y Metastasio, los dos cisnes del amor.

La barquilla se deslizaba sobre las ondas que comenzaba a platear la luna, y las aguas cortadas por la proa, parecían murmurar resbalando por los costados de la barca, ecos de amor, que el viento llevaba a los poéticos lugares que habían dejado, cual si fuese el himno de dos corazones agradecidos.

¡Cuán dulcemente se deslizaban por la senda de la vida, en aquellos fugitivos instantes, dos almas que el más poético y arrobador de los afectos acababa de confundir en una sola!

Dulces miradas, breves palabras... ¡Cuánta elocuencia, qué dulcísima elocuencia en aquel silencio!

Casi les sorprendió la llegada a la opuesta orilla, que terminaba tan placentero viaje; pero al fin era preciso bajar del cielo y caer en la realidad; sólo que ésta no turbaba la ventura que había tomado por mansión aquellos dos corazones: mansión espléndida en que debía encontrarse harto bien alojada entre ilusiones y esperanzas.

Llegaron a la quinta de Koerner, de donde, al cabo de algunas horas de tertulia y de pláticas incomparables, hubo de regresar Miguel a la posada, y Teresa a su alcoba, perfumada aún por el ramillete que de parte de aquél, había recibido por la mañana y que la venía a despertar todos los días.

Capítulo VI

Apenas llegó Miguel a su alojamiento, cuando el afectuoso negro Antonio salió a recibirle, y con rostro de quien pretende ganar albricias, exclamó: carta de América, Señorito, indicándole el escritorio sobre el cual había puesto el referido pliego.

Miguel que siempre anhelaba gozoso las noticias de su patria y de sus, aunque pocos, queridos amigos, apresuróse a abrir la carta diciéndose: ¡con cuánto placer voy a comunicarles mis ventuosos planes!

Abrió, pues, y leyendo la firma, añadió con disgusto: ¡Vaya! mi apoderado general: vendrá ahora a hablarme de intereses. ¿A qué ocuparse en cuestiones de dinero, el espíritu que vaga feliz en las regiones del amor? Noó, la leeré después, ahora quiero soñar. ¡Oh qué día he pasado! ¡Cuánta ventura para un pobre corazón!

Y sin embargo — repuso volviendo a tomar la carta que con desdén había puesto sobre el escritorio — los intereses, indispensables al cambio de estado que proyecto, habrán de facilitarme, más o menos, la posesión de mi Teresa.

Dijo y comenzó a leer — su semblante pasó de la luz a las tinieblas, y exclamó pesaroso.

— ¡Va mal! ¡Qué hacer! ¿Cómo casarme ahora? Debo partir, es indispensable… y sin tardanza, para ver de regresar aquí lo más pronto posible. ¡Maldito lance! Por segunda vez, desde que conocí a Teresa, viene lo material a interponerse torpemente en el camino de mi corazón!

Y así diciendo, arrojó de nuevo la carta con desdeñosa amargura sobre el escritorio.

Aquel papel contenía lo siguiente :

— ¿Recuerda usted la fianza que dio en garantía de F…?, pues tengo el pesar de comunicarle, que por el mal estado económico de este amigo, lo mejor y más valioso del capital de usted está amenazado. Con dificultad suma he logrado obtener alguna espera del acreedor que pretende la ejecución, prometiéndole que usted se decidiría a venir cuanto antes, y podría resolver lo más favorable a unos y otros; dadas las buenas relaciones que usted cuenta aquí y el crédito personal de que disfruta.

Todos le quieren, y no dudo que su presencia valdría más que cien cartas y disposiciones tomadas desde tan lejos.

Lo mejor y más valioso, es decir, ¡todo!, exclamó Miguel — Partiré pero antes debo y quiero explicar este lance a Teresa y a su buena madre.

¡Qué noche tan larga! ¡qué insomnio tan cruel!

Por la mañana, lo más temprano que permitía el decoro, entró Lasvosal en casa de Teresa.

Mostróla aquella cata habló, a la Sra. de Koerner de sus honradas intenciones, y del contratiempo que venía a retardar o impedir para siempre unos propósitos a que sólo había faltado el asentimiento, tal vez no dudoso, de los padres; y aquella madre, aquella dama generosa y digna se expresó así:

Por mi parte, lo había adivinado todo. ¿Qué buena madre no sabe leer en el corazón de la hija que ha educado? Mi esposo no debe tardar en venir a buscarnos aquí en donde haremos por permanecer, ya que este bello lugar place tanto a mi hija, un par de meses más. A mediados del Otoño nos en contraria usted en Paris, y en el invierno ya de vuelta en Cádiz.

Comprendo que si los intereses de usted están como dice, amenazados; debe ir a salvarlos; pero si por desgracia no lo consiguiese usted; aquí nos encontrará con el mismo afectuoso semblante con que nos deja.

En cuanto a su enlace con mi Teresa, el corazón de mi hija es para mí el árbitro decisivo. Conozco el de mi esposo, y puedo asegurarle por él, que semejante descalabro no sería inconveniente a darle su asentimiento. Me atrevo a esperar que, conociendo a usted más adelante, no tendría motivo para desaprobar esta esperanza que doy a usted.

Miguel. — Ah; Señora, si alguna vez he reconocido lo poco que valen los bienes materiales al lado de los del corazón, ha sido al escuchar tan nobles palabras ; pero los intereses materiales valen algo también: ellos me proporcionaron los medios de conocer y seguir a Teresa: sin ellos, no hubiera pensado en realizar el sueño más hermoso de mi vida. Sé ahora cuanto vale, y temo perderlos.

La Madre. — Ella tiene la hacienda de sus padres; ya ve usted que no está tan desvalida.

Miguel. — De ella quiero sólo lo que más vale: su corazón.

La Madre. — Es usted sobrado puntilloso, y no es la ocasión de prolongar este amistoso altercado. Lo único que espero es, que pobre o no, haga usted lo posible por volver a Europa a discutir de nuevo este punto con amigos como nosotros.

Estas últimas palabras, dichas con el gracioso deje de la andaluza, que mostraban el corazón franco y desinteresado de las gentes de aquella tierra, y expresadas con cierta afectuosa sonrisa que las volvía más gratas, hicieron brotar algunas lágrimas de los ojos de Miguel, quien prorrumpió con arrebatocariñoso;

— "Si llevo por acicate la esperanza, y la dicha está aquí, ¿no he de volver?"

Dijo y partió sin despedirse de ambas, sin ver el rostro de Teresa que miraba a su madre con ojos llenos de gratitud y de lágrimas.

Casi en la puerta de la quinta, salió al encuentro de Lasvosal la encantadora niña, hermana de Teresa — Venía del jardín, trayéndole en son de despedida, una rosa pálida que acababa de coger, y que nuestro amigo casi le arrebató de las manos: Teresa ¿no parecía también una rosa pálida?

Fuera ya del vestíbulo, oyó Miguel estas palabras:

Remember me (Acuérdate de mí)

La dulce voz de Teresa las pronunciaba dejando caer a los pies de nuestro amigo un ramo de "No me olvides."

Tomólo Lasvosal, y alzando los ojos, vio en una ventana el rostro bello, pálido y lloroso de la joven.

Forget me not (No me olvides) la dijo besando aquel ramo tan querido, y partió Miguel y poniendo la rosa y el ramo unidos cuidadosamente, en el bolsillo de su levita, que caía sobre su corazón, iba exclamando con voz de que sólo el leve céfiro podía ser confidente: "Llevo aquí todo un jardín del paraíso."

Teresa había desaparecido de la ventana, y antes de alejarse Miguel, pudo oír, los ecos del piano que decían:

Aux bords du Rhinje pense á toi.

Miguel hubo de hacer grandes esfuerzos para continuar su marcha.

— Miéntras más pronto vaya — se dijo — más presto podré volver.

Estas reanimadoras palabras lograron arrancarle de aquel sitio.

Capítulo VII

Ya esperaba a Lasvosal el coche con su fiel Antonio y el equipaje en zaga: dirigiéronse a la estación del ferrocarril, en donde tomaron el tren que debía conducirlos.

¡Oh! qué viaje! El tren parte tragándose llanuras, salvando puentes y trepando por la cumbre de cerros enormes y hasta por cima de ciudades. — Puede decirse que vuela; pero para Miguel ¡qué lento va!

Tan cierto es que la distancia y el tiempo suelen medirse también con el corazón.

¡Qué regiones tan vastas las de Europa! exclamaba nuestro amigo.

Ni la fatiga bastaba a detenerle, y si el cuerpo pedía descanso; el alma sorda a sus lamentos, le respondía como al famoso judío de la tradición: ¡adelante, adelante!…

Para él, tan contemplativo siempre, no había ahora paisajes, ni sol, ni otra existencia en aquellos días, que la de su pensamiento; y éste, absorto en una imagen, sólo se daba cuenta de los sentidos, y aun sin conciencia de ellos, para aplicar al olfato, mejor dicho, a la mente, al corazón, aquellas flores, que no lo eran para su alma, sino una imagen, la de su Teresa.

Entonces aquel perfume parecía repetirle el "no me olvides" que aún creía escuchar de labios tan queridos.

No era un hombre: era un alma que viajaba, incorpórea, en sombra, con pura apariencia humana, a través de las regiones de la Tierra, y aun ésta parecía más bien el espacio que el mundo; porque suprimid los objetos, y sólo queda la mente que los lleva dentro de sí — Y si este mundo no había desaparecido por completo de aquella mente para dejar en ella, por única reina, la imagen de tan querido ser; era porque la posesión de éste se hallaba unida en el mundo a inconvenientes materiales, que había que vencer, por medios de igual naturaleza.

¡Maldita necesidad de los bienes materiales! murmuraba Miguel — ¡hasta cuando has de oprimirme con tu inexorable fuerza!

Llegó a un puerto, tomó el primer vapor que salía para América!.

¡Y gracias a que el hombre de hoy, más feliz, que el de antaño, ha logrado vencer la distancia, enemiga del amor! En otro tiempo nuestro Miguel habría tenido que invocar a Eolo, y resignarse a su veleidad, dándose por dichoso, si algunos vientos, no desfavorables, le llevaban a América en el tiempo suficiente para no desesperarse en el Atlántico.

Pero somos tales los hombres, que ni aun así se conformaba nuestro amigo; y sin reflexionar en lo que acabamos de exponer, murmuraba contra la lentitud del ingenio humano, que tanto tarda en aplicar el rayo a la locomoción.

Tanto sabio — se decía — encerrado en su gabinete, estudiando noche y día, y tanto mecánico fatigándose en los talleres, y ni unos ni otros han logrado darse mañas para acelerar esta tortura. Se conoce que no están enamorados, que no llevan en su alma el anhelo de volver a ver a una Teresa.

¡Qué inmensidad! ¡qué monotonía la del Océano!

¡Cuánto no hubiera dado Miguel por un sueño que durase todo el tiempo de la travesía!

Pero como no hay tiempo que no llegue, pisó las playas de Puerto Rico, su patria y punto de su destino.

Capítulo VIII

De mucho valió para los intereses de Lasvosal su presencia en aquella isla, pues dispuesto a toda clase de transacciones, con tal que fuesen honrosas, rogó, intercedió, contrató, y hasta amenazó: no hubo paso que no diese para terminar pronto el arreglo de que debía sacar en limpio el todo o el resto de un caudal, que ahora más que nunca temía perder por completo. Y cuando ya le creía casi perdido en su mayor parte, he aquí que como lo imprevisto es lo más posible, según la frase de un autor célebre; el amigo, uro de aquellos comerciantes, que en lo osado, más que tales, parecen verdaderos jugadores, logró redondear felizmente un negocio que tornó a ponerle en pie.

Este azar tan venturoso, libró a Miguel de la ruina que parecía inminente, y más aún: dejó boyante y libre de todo gravamen la valiosa finca, que por aquel amigo había empeñado.

La fortuna no podía presentarse más propicia, y era, que burlona siempre de los hombres, quería aquella diosa mantener la fuerza del adagio; feliz en el juego, infeliz en amores, o viceversa.

La cuestión dinero sonreía a Lasvosal en esta ocasión, ¿le sucedería lo propio en la cuestión amores?

Poco tiempo le había bastado para quedar expedito y poder regresar a Europa, harto mejor de lo que imaginaba.

Lo material le abría de nuevo el camino que había obstruido. Con tal que fuese esta la última vez que se interpusiera. ¡Con tal que siempre fuese como en esta ocasión!

¿Pero qué podía temer Lasvosal? El amor de Teresa parecía invariable: no era de aquellos en que pudiera haber campo para el de un rival.

La madre, ya sabemos como se había expresado. En cuanto al padre, lo único que podría temerse, sería, que, ignorante de lo que pasaba, se presentase de regreso en su casa con algún compromiso que pusiese a Teresa en el caso de Julia la de Saint — Preux, o de Carlota la de Werther; pero Teresa no parecía ser una Julia ni una Carlota; ni los tiempos son ya a propósito, para que aquella pudiera creerse en circunstancias idénticas.

Suponga el lector, si nuestro amigo perdería tan precioso tiempo y si todo él no sería alas para tornar a Europa. Embarcóse pues.

El viaje de regreso le parecía, como era natural, más largo que el anterior; a pesar de llevar ahora por brújula el amor, y por horizonte la ventura.

— Detrás de ese horizonte visible — exclamaba — está el invisible para los demás, pero no para mí: el del corazón.

Y el horizonte aquel se dilataba y nuestro amigo maldecía una cosa tan bella, tan grandiosa, que admiraba tanto: la inmensidad

Por fin llegó — ¡Las orillas del Rhin!, ¿qué le importaban, si llevaba un paisaje más pintoresco en su imaginación? Un bosque, unas ruinas, un jardín, una casa, mansión de la dicha, ensueño de la esperanza!... Una mujer que saldría a su encuentro, como la ilusión sale al encuentro de la juventud, tan bella como suele pintarla el amor, tan vaporosa como sabe pintarla el sueño, tan amada como... como la amaba Miguel!

No habían transcurrido los dos meses, y por consiguiente la podría encontrar allí.

Pero lo sabía muy bien. Habíale escrito desde Europa al embarcarse, desde América al llegar, y luego casi todos los días. ¿Cómo podría Teresa ignorar su vuelta?

Esta, le había escrito a Puerto Rico, y luego a Bruselas

Poste restante. Carta que Miguel recibió con las manos, abrió con los labios, leyó con el corazón, casi en presencia del empleado de correos que se la entregaba, y a quien sin duda hubo de parecerle un loco.

Pero la letra del sobre era tan graciosa, tan mignonne como diría no sé quién, que trascendía a dama por todos los poros del papel; y el empleado, hábil en esto de sobrescritos, se dijo al ver la charmante reception que Miguel hizo a la carta — ¡Vaya enamorado!. — Cosa tan frecuente y corriente en una ofcina de correos.

Pero si grande fue el júbilo de nuestro amigo al recibir la carta, mayor hubo de ser el que le ocasionara su lectura.

El padre de Teresa había llegado. ¡Consentía... y todo era hecho!

— Antonio, en route — exclamó Miguel en son festivo.

Y el buen negro, que a su jerga hispano — africana, había mezclado ciertas voces francesas, apegadas a sus oídos como el limo al paso del agua que va corriendo, respondió cuadrándose, y con gracioso chapurreo: En avant, nino.

— Ahora no la vamos buscando sin saber si la hallaremos; ahora, sé que aguarda — dijo Lasvosal, y subió al tren, que a poco partió con el crescendo de rapidez acostumbrado.

Capítulo IX

La luna brilla en las aguas, y da mayor hechizo a aquellos lugares tan mencionados por la historia y tan favo recidos por los poetas.

¡El Rhin!, testigo de las luchas homicidas a que parece condenada la triste humanidad, y cuyas márgenes han ensan grentado y ensangrentarán tal vez mañana, disputándoselas, dos pueblos, por entre los cuales discurre indiferente.

Aún parece resonar allí y resonará por mucho tiempo, la voz de dos poetas, que como nuevos Tyrteos, se amenazan en nombre de dos agrupaciones de que parecen el genio respectivo, se gritan en vez de cantarse, y se lanzan la voz de guerra, cuando debieran tenderse las manos, y pasar por cima de las aguas, para darse el ósculo de la familia que el Cristo unificó en la Cruz, y que la ciencia y la razón humana unificaron a su vez.

Nuestro Lasvosal cruzó aquellas orillas sin fijarse en esto, o si en ello pensó, él, que llevaba el amor en el alma, no dejaría de percibir entonces con mayor fuerza, lo marcado y feroz de aquel contraste; y quien sabe si aún creyó oír, los acentos del bardo germánico, (Becker) diciendo al de la opuesta orilla (Alfred De Musset) por cima de las aguas.

Ils ne l'auront pas, le libre Rhin allemand. — (Ellos no lo tendrán, el libre Rhin alemán).

A lo que contestaba el de los francos:

Nous l'avons eu, votre Rhin allemand. — (Lo hemos tenido, vuestro Rhin alemán).

Ecos que reproducen sin duda ante los apasionados oídos de ambos pueblos, las ondinas del río entre las algas y las magas de la ribera entre las ruinas.

—Aquí también lo material— murmuraba Miguel, contemplando en su marcha aquellas orillas—aquí también lo material tratando de separar los corazones. Un poco más acá o más allá el caprichoso giro de las aguas.

— ¡Cuánta discordia por una lengua más o menos de las que ese río en su fatal carrera, dejó de este o del otro lado!

Ya está nuestro amigo, junto a la quinta que la luna platea, y que la brisa de la fresca noche arrulla mezclándose al suave canto del ruiseñor.

Según la última carta de Teresa, su padre que había vuelto, deseaba conocer a Miguel, y de oídas, le estimaba ya lo bastante para no dejar de admitirle por yerno, cualquiera que fuese su situación financiera. Aquella carta era reciente como hemos dicho: aún conservaba en sus páginas el hálito de Teresa.

Lasvosal, pues, era esperado con los brazos del afecto: nueva seguridad que le daba alas para llegar con la mayor alegría.

Allí está la ventana de donde recibió la última despedida, aquel No me olvides que regresaba junto a su pecho.

Estaba cerrada ahora, quizá por lo fresco de la noche, en tanto que la luz del salón de recibo se descubría.

Miguel se detuvo a contemplar aquella morada, tan inolvidable, tan deliciosa para él.

Reinaba el silencio, que de pronto fue interrumpido por el piano. ¡Oh dulcísima sorpresa! El vals, que tantos recuerdos despertaba en su alma, y que ahora, como si presintiese su llegada le salía al encuentro.

Llamóle sin embargo la atención una circunstancia que no podía pasar ante él desapercibida: no era la pulsación de Teresa, no era ella ciertamente quien tocaba. Será la niña — dijo — de todos modos, adelante. Cálmate, corazón, quieto, quieto, que pronto vas a verla.

Entró, subió la escalera, llegó al salón. En efecto era la niña quien tocaba,

Al verle, dejó el teclado y vino hacia él, pero llorando.

¿Qué pensar? — murmuró Miguel.

La niña le hizo señal de que la siguiese, y le condujo a un gabinete donde estaba un señor de agradable presencia, a quien reconoció por haberle visto en el muelle de Cádiz con Teresa: era su padre. Junto a él estaba otro caballero de alguna edad.

Al ver a Lasvosal y cuando éste pronunció su nombre, aquél le tendió la mano y estrechó conmovido la de Miguel entre las suyas.

— Creo que llega usted tarde — le dijo con lágrimas en los ojos.

— ¡Cómo! — exclamó nuestro amigo, casi helado de terror, de pesadumbre, sin saber que imaginar.

¡Teresa! murmuró con acento indefinible.

El caballero que acompañaba a Koerner, era el médico de la casa, a quien dijo aquel.

— ¿No cree usted que debamos prepararla para lo que va a ver?

— Todo lo contrarío: busco el choque de semejante sorpresa, respondió el médico.

Entren ustedes — tornó a decir el padre de Teresa indicando la vecina alcoba.

— Sr. de Lasvosal, es usted la única esperanza — añadió con voz ahogada, entrando con ellos en el aposento.

Allí estaban la madre y la niña junto al lecho de Teresa.

Miguel entró como aturdido, se acercó, retrocedió, quedó como clavado... no podía comprender lo que veía.

Teresa estaba más pálida que nunca; tan bella, como si aquel trance que parecía cercano, fuese más bien que la muerte, una transfiguración.

El médico la pulsó.

— ¡Maldita fiebre! murmuró.

Teresa decía sin abrir los ojos. ¿Por qué has dejado de tocar, hermanita mía? ¡Estaba tambien así! Y abriéndolos luego, exclamó con alegría.

Miguel... ¡Qué dicha verle, antes de partir! ¡Dios mío! Era cuanto esperaba... darle cita para otro mundo, para otra vida en que lo material no haga tan cruda guerra al sentimiento... Nos volveremos a ver: nuestras almas son unísonas en el armonía de las esferas, y en otra más elevada, más digna de nosotros, nos buscaremos, y, oh sí, ¡nos reconoceremos!

¡Y dicen que el morir es tan amargo! — añadió con cierta serenidad que pasmaba y enloquecía a los circunstantes — Cuando se espera algo mejor, la muerte es un sueño delicioso. ¡Oh! qué dulce y qué bello es morir, y así, en presencia de todo lo que se ama.

Estas palabras pronunciadas con voz dulcísima y solemne, helaban los corazones que la oían, en donde penetraban como frío puñal.

Los sollozos de los presentes eran el coro de aquel himno lleno de fe y de amor celestial, entonado por un alma que va a partir, en busca de su centro que sólo ha podido vislumbrar aquí en la Tierra: himno sagrado que aquellos, con el corazón partido, no osaban interrumpir, ni lo hubieran podido, porque el dogal de la angustia anudaba sus gargantas.

— El vals, el vals — murmuró el médico, intentando provocar con aquella música, de cuya historia se le había informado, en presencia de Miguel, alguna reacción favorable al espíritu de la paciente. ¿Quién ignora que el espíritu es el todo en ciertos seres?

La niña corrió al piano llorando, y comenzó a tocar,

Pero el tren había emprendido ya la marcha, y el himeneo acababa de celebrarse para otro mundo. Lo que pudo curarla, la mató.

— Eso es — exclamó ella con voz débil al escuchar el vals, No me olvides.

Y con la mano de Miguel entre las suyas, se quedó como dormida.

Parecía la muerte el estado natural de aquella criatura.

— ¡Hija mía! — gritó la madre: ni una lágrima brotaba de sus ojos: parecía petrificada por aquel dolor mudo y terrible.

Nuestro amigo esparció sobre el cadáver las hojas de la rosa pálida que la niña le había dado al partir, y que era digno sudario de la muerte.

¿A qué hablar del dolor de aquel padre al sentirse arrancar un pedazo del corazón?.

La pobre niña estuvo enferma de cuidado, y se temió que siguiese a su hermana: la muerte es traidora y caprichosa: no quiso llevársela por entonces.

Tres días antes de morir, gozaba Teresa de cabal salud, contenta y feliz con la esperanza de ver muy presto al amante que debía unirse a ella en los altares. La buena salud reinaba en la casa y en los contornos — ¿Qué la mató? Un tifus, una enfermedad cualquiera sin duda. La muerte se enamoró de aquel ser que tanta ventura se prometía en la vida, y por celos, la mató con alevoso golpe.—Esto diría un poeta —El cristiano diría que Dios lo dispuso así con misterioso designio, o para recordar a las criaturas que nada hay estable fuera de él.

Nosotros, a fuer de filósofos que pretendemos ser, añadiremos a los asertos anteriores, que la perfección relativa de aquel ser estaba cumplida aquí, y que Dios, por la ley de su lógica, se la llevó en busca de otra armonía superior y más perfecta.

Miguel regresó a su país con el corazón enfermo y con su ramo de No me olvides, ya sobrado marchito; para su alma el más exquisito aroma: el de una esperanza consoladora, pero ¡ay! envuelta en nubes de melancolía. Aquella era una rama de su oasis arrastrada y seca por el simoun del desierto, que tal debía parecerle y le parecía este planeta; pero aquella rama ¿no era también como la prenda de una cita para otro mundo? ¿No eran aquellas hojas las arras de un contrato que no debía dejar de cumplirse?

Por eso cuando su amigo Eduardo volvió de Europa, le encontró en su casita filosófica de Cangrejos, mas retirado y retraído del mundo que nunca.

Estaba ya como de paso para otra parte. Esperaba, triste por lo presente, feliz por lo futuro.

Aux bords du Rhin je pense á toi

repetía con frecuencia ¿qué nuevo Rhin sería éste?

Lo material se había atravesado siempre en la senda de su alma — ¿Cuándo se rompería el vínculo material que, atándole a este mundo le impedía acudir a su anhelada cita?

~ FIN ~

CLÁSICOS DE PUERTO RICO

EL HELIOTROPO

DE

ALEJANDRO TAPIA Y RIVERA
~ 1848 ~

EDICIÓN DIGITAL POR JUAN RAMOS IBARRA PARA
PUERTO RICO EBOOKS

TODOS LOS DERECHOS RESERVADOS. COPYRIGHT © 2015, 2022
EL DISEÑO DE LA PORTADA Y EL DISEÑO DEL LIBRO POR JUAN RAMOS IBARRA
SON PROPIEDAD DE
PUERTO RICO EBOOKS ©.

EL TEXTO PERTENECE AL AUTOR
ALEJANDRO TAPIA Y RIVERA.
TODOS LOS DERECHOS RESERVADOS. ©

El Heliotropo

A mi amigo Eduardo Acosta

Despertó alegre una alborada hermosa
Y a la tarde durmió en el ataúd.
Espronceda

Capítulo I

Es el crepúsculo de una mañana de Abril. En oriente asoman los albores del día, tan hemosos como el primer ensueño de la vida. El cielo está teñido de un ligero color amarillento, ni una nubecilla empaña su risueño confín: el ruiseñor canta sus amores: abre su cáliz la rosa; saltan de flor en flor las mariposillas ostentando su ropaje de mil tintes; que no de otro modo vaga el alma de ilusión en ilusión en la deliciosa mañana del amor primero.

— ¡Elina! Aquí, a tu lado; en las orillas de este arroyo que murmura; entre estas rosas y jazmines que embalsaman el aire que respiramos; bajo ese cielo transparente que corona nuestro amor, soy feliz. Te juro que te amaré eternamente.

— Edgardo.

— Sí, te adoro, Elina mía. Toma: he aquí el emblema de mi amor. Esta flor es apasionada como mi alma y melancólica como mi existencia. Héla aquí. Dulce calandria de estos valles, tómala: ¡yo te amo!

Calló Edgardo. Tomó la flor Elina. Es de un perfume delicioso. Cuando se mece en su tallo, se vuelve de continuo hacia el sol, cuyos fuegos bebe con ternura; parece decirle: Astro del día, yo te amo.

Aspírala Elina. Palidece... se agita su pecho... una llama dulcísima corre por sus venas conmoviendo su corazón.

— ¡Ah!— prorrumpe, — vos me amáis.

— Sí, te amo.

— ¡Ah! yo os amo también. ¡Sí, yo os amo! — dice y llena de encantadora turbación cae en los brazos de Edgardo.

Sonó un beso, el primero de amor: primer capullo de la rosa temprana; ruido armonioso que estremeció las flores, que resonó en los valles y que los valles comprendieron, porque los valles fueron la mansión de Laura y de Petrarca, de Julia y de San Preux; porque la naturaleza ama todo lo que es hermoso y puro como ella, porque es tierna como el amor y sensible como los amantes.

Capítulo II

¡Partió! ¡No le queda más que su amor! Él ha conmovido pues aquel corazón y se ha enseñoreado de aquella existencia, pura como el aura de primavera, tierna como el arrullo de una tórtola. No sabía Elina lo que era amar. Se deslizaba su vida pacíficamente como un riachuelo por el prado: ahora ama, y este prado se cubre de flores que perfuman su alma, y el riachuelo resbala dulcemente por una senda de encantos.

Se abandona de continuo a ese sentimiento vago, dulce, inefable; a ese sentimiento, tesoro de un corazón virginal, delicioso Edén de las almas sensibles.

Conserva aún la flor que la dio Edgardo. Recuerda sin cesar aquellas palabras seductoras que fueron a buscar un suspiro hasta el fondo de su alma. Así la voz del torrente va a encontrar un eco en la espesura de las selvas.

En aquel pecho se alimenta la más hermosa de las pasiones. Ardiendo allí noche y día, respira muda y solitaria como una lámpara en el santuario.

Aquella flor que la conmovió, que la dio la vida; aquella flor, símbolo de su ternura, constituye su más delicioso encanto. Tiene para ella su esencia un hechizo inexplicable. Cree a veces que la flor le habla, que la dice algo dulce, misterioso, que trastorna su mente y hace palpitar su corazón. Parécele que entre sus hojas se encubre una declaración apasionada, un yo os amo; estallido del volcán que arde en el pecho de los amantes. ¡Oh! le conmueve el alma. Si aspira su perfume, el perfume la mata. Es feliz envuelta en el raudal de tan hechiceras sensaciones.

¡Ay! pero la flor se marchita, su aroma se extingue como la voz de un agonizante. La flor es el esqueleto de una ilusión, la sombra de una memoria, un recuerdo del perdido bien; son las cenizas de un volcán cuya erupción ha pasado; la lava fría del corazón que ardió. Aquella flor, imagen de la pasión de Edgardo, se agosta, se destruye como el placer ahuyentado por la furia del dolor. Solo contiene recuerdos. Y ¿qué son los recuerdos, sino la huella del pasado, la tortura del presente, el desconfiar del porvenir? El corazón angustiado, no encontrando felicidad en lo presente, se refugia en lo que fue y nada espera en lo futuro.

Capítulo III

El verdadero amor es melancólico. Su felicidad es demasiado grande para que pueda conformarse con el ámbito del mundo. Anhela otro menos mezquino, más ideal para desenvolverse y dejar al corazón que hable aquel idioma que los ángeles comprenden; y estos anhelos causan su melancolía.

El placer y el dolor tienen un mismo acento: los suspiros.

El alma comprende más la pasión desgraciada que la feliz, porque hasta las desgracias en el amor son seductoras, y la muerte misma es dulce y aceptable.

Un voto, una palabra de pasión pronunciada en la agonía penetran más el corazón. Los amantes verdaderos y las personas delicadas prefieren oír una historia dolorosa aunque tengan que llorarla. Su llanto entonces es suave como el aura de la mañana; refresca las heridas que causaron las desgracias y llena por instantes el lúgubre vacío que el corazón insaciable siente toda la vida.

Más quiere el amor quejas que halagos.

Los momentos de goce completo pueden dejar huella en el alma; pero los de esa felicidad melancólica y ardiente que embriagados llamamos suprema, quedan grabados para siempre.

Los primeros conmueven los sentidos; los segundos embriagan el alma; aquellos constituyen un goce voluptuoso, terreno; estos un encanto puro, celestial. Lo primero se llama deleite: lo segundo felicidad.

Capítulo IV

Han transcurrido tres años. Ni un recuerdo tan solo ha debido a su amante la enamorada Elina. Su pasión crece cada día más, y la consunción destruye aquel pecho sensitivo. Mientras más crece su amor más pierde en vida, tal como el árbol que crece lozano a costa de la tierra que lo sustenta. Violenta lucha entre el amor y la muerte, entre la felicidad y la vida; lucha ventajosa para la muerte más potente que la vida; esfuerzo de la naturaleza por contener el espíritu que se evapora. ¡Ay! el huracán es más poderoso que la azucena de los campos.

Capítulo V

Son las cinco de la tarde. Un joven de gallardo porte acaba de llegar a la aldea. Viene de un largo viaje. Está cubierto de polvo su elegante vestido. El robusto caballo jadea y arroja espuma por la boca.

Dirígese el joven a una pobre cabaña vieja como el que la habita.

— Dios os guarde, buen hombre.

El anciano se pone de pie y sale a recibirle.

— Bien venido, caballero.

— Es este el camino que conduce a la quinta de N...

— El mismo.

— Gracias.

Iba a continuar su marcha y se detiene.

— ¿Habéis visto pasar mucha gente en dirección a la quinta?

— Mucha; como que hoy van a celebrarse las bodas del noble heredero del condado.

— Ya me esperan allí, murmuró el joven.

— Oíd. ¿Vive aún un viejo llamado A...?

— Hele aquí.

— ¿Vos?

— Sí.

— ¿Y vuestra hija?

— ¡Allí está! — exclama el anciano señalando el cielo.

— ¡Ha muerto! — dice el joven palideciendo. — ¿Cuánto tiempo hace? — añade con voz trémula.

— Quince días.

— ¡Adiós!

Dijo aquel y partió como un relámpago.

Capítulo VI

Por una senda que atraviesa la espaciosa llanura, camina un joven a gran escape en un fogoso bridón.

— ¡Adelante, caro compañero! ¡Oh! ¡demasiado has andado, volador mío! Un poco más... y nada luego.

Hunde sin cesar la plateada espuela en los ijares del corcel. Tendido el cuello, la crin alzada, abierta la nariz, brotado el ojo; ganando espacio las herradas manos y tendida la ondulante cola cual rastro de luminosa exhalación; el frenético potro vuela por la llanura dejando atrás al viento...

— Ni una letra, ni una memoria para la infeliz joven... Mi permanencia en la corte me ha sido muy fatal... ¡Tres años!... ¡Adelante, corcel mío!... Tres años de ausencia... ¡qué, ingrato!... Débil para amar, y luego mis orgullosos padres... quieren casarme!... tiranos... ¡Qué me importan las riquezas... si está vacío mi corazón!... En mis brazos una mujer que no amo... mientras que la que tanto amaba... ¡El hielo baña mi frente!... ¡Camina, vuela, bridón mío! ¡Oh! ¡presto veré su tumba! Creía haberla olvidado, y su muerte ha rasgado mi alma. Arrebátame caballo, como el aquilón la hoja... arrebátame y derrúmbame por un precipicio... ¡Ah! ¡si hubiera con que estrellarme en la carrera! Vuela, compañero de mis fatigas. No escuches mis ayes... ¡Ay! la fiebre me mata. Mi vista se turba... parécenme espectros los árboles... el sol, lo veo eclipsado... el viento revienta mis oídos... ¡Ah! mi corazón quiere romperme el pecho... me falta el aliento...

La inhumana espuela destroza los ijares del caballo; brotan sangre. La febril conmoción del jinete es excesiva...

— ¡Oh! ¡he allí su tumba!...

Ha llegado a una altura y se detiene para tomar aliento. Está pálido como la muerte, convulso como la agonía. Sus ojos están secos y quieren salirse de sus órbitas. La fatiga lo ahoga y el dolor lo mata.

— ¡Si pudiese llorar!

Divísase a lo lejos el cementerio de la aldea.

Capítulo VII

¡Pobre Elina! El sol de otoño va a trasmontar. Su luz es débil como el mirar de un moribundo. La brisa vespertina arrulla los cipreses de un cementerio, pobre pero solemne; no contiene marmóreos sepulcros, estatuas pomposas, ni ruidosos epitafios que traigan a los vivos la vanidosa idea de los que fueron; no se desfigura allí la gravedad de la muerte con el ridículo aparato de necedad mundanal; pero en cambio se presenta tal como es, lúgubre, terrible, silenciosa. Parece que los muertos reposan más tranquilos cuando tienen por única compañía la soledad, y por únicos adornos los atavíos del dolor: la tristeza y el llanto.

La cristiana cruz se eleva en cada sepultura como para mostrar su soberanía en la eternidad.

Apartada de todas las fosas existe una con su cruz también. Junto a ella hay un sauce verde pero fúnebre. Sus ramas flexibles y caídas parecen agobiadas por el dolor; y cuando el viento de la noche conmueve sus hojas se creería que llora.

No hay losa en esta sepultura. Una flor brota de su tierra bendecida, como si el cadáver que duerme en ella hubiese dejado algo en el mundo a quien amar y para quien vivir. ¡Es tan triste morir cuando se ama!

La flor está casi seca; parece carecer de vigor la tierra en que la plantaron: semejante a una pasión efímera que no habiendo en el corazón que la sintiera energía bastante para sustentarla, pierde su lozanía y deja solo en la mente la aridez de una memoria.

Capítulo VIII

Acaba de desmontarse un joven de su caballo negro que cae muerto de fatiga. Mira el joven con tristeza al muerto animal, y entra en el cementerio. ¿Habrá allí alguna tumba que le demande un suspiro? ¿Tendrá algún espacio de tierra que humedecer con sus lágrimas?

Vagando entre las sepulturas busca con avidez la de un objeto querido. Pintada está en su rostro la amargura, y sus miradas y movimientos son el lenguaje de la consternación.

— ¡Aquí está! — exclama por fin.

Había llegado a la tumba inmediata al sauce.

Contempla en doloroso silencio la flor algunos instantes. Arrodíllase, la besa, y la flor rejuveneció cual si estuviese en su más dulce primavera. Su perfume le llegó al alma y aun le parece que escuchó un suspiro.

¡Ay! un suspiro dulce, triste, eco de la melancolía, suave rayo del eclipsado sol del corazón: el suspiro del ave que llora su consorte; el desahogo de mi alma que pide a Dios: no devorante, desgarrador, ni fatídico; tierno, suave y purísimo. No como del corazón que se ahoga, que grita, sino como del corazón que llora, que pide. Aquel suspiro no lastimaba, enternecía. ¡Oh! al oírlo era menester suspirar también, llorar con el llanto suave que no ensangrienta las mejillas; con lágrimas de dulce compasión.

Levantose el joven después de un rato de postración, y la huella de dos lágrimas estaba marcada en sus mejillas: las mismas que como dos perlas brillaron en la corola de la flor.

A la desesperación ha sucedido la más profunda tristeza.

— ¡Pobre Elina! — dice Edgardo con amargura.

Contempla algunos momentos más la tumba de su amada.

— ¡Pobre Elina! — exclama otra vez, y sentándose junto al sauce, recostó en su mano trémula su cabeza desmelenada. Está desfigurado su rostro, su mirada está fija... Ni un gemido brota de aquel corazón despedazado.

Dolores del presente, recuerdos del bien que ya no existe, venid: encubrid con vuestras negras alas la sombra de una pasión que fue un encanto: despedazad con vuestras garras el corazón del que sufre... pero no, antes arrancad, por compasión, de aquel pecho una existencia que tan amarga es.

Capítulo IX

Pasaron algunos instantes. El manto de la noche cubrió aquellos fúnebres lugares. Oyose entonces un tristísimo acento que decía:

¡Cuán corta y desdichada fue su vida!
Llevó al sepulcro su ilusión querida.

¡Ay! ¡infeliz de la naciente rosa
Que arrancó de su tallo el aquilón!

De ángel tenía la sonrisa hermosa
Y de tierna paloma el corazón.

Apareció la luna en el horizonte y bañó de luz aquellos sitios.

Edgardo había desaparecido. Brillaban dos lágrimas en los senos del Heliotropo. ¡Oh, rocío de amor!...

Desde entonces esta es la flor que más quieren los amantes.

~ *FIN* ~

GRACIAS

Muchísimas gracias por su patrocinio y esperamos que haya disfrutado de esta magnífica obra clásica. Lo invitamos a que pueda seguir leyendo y disfrutar de otras obras clásicas de la literatura puertorriqueña, ¡son magníficas!

No deje de escribirnos a:

PUERTO RICO eBooks

puertoricoebooks@gmail.com

Colección Clásicos de Puerto Rico

Disfrute de esta magnífica colección

El Pirata Cofresí

Volumen I
El Pirata Cofresí
Alejandro Tapia y Rivera
En Cubierta Suave (paperback) - isbn: 978-1535261234

Cofresí salía a navegar el mar en su goleta, "Ana", aventurero, valiente, heróico y pirata. Se dice que los habitantes de las costas de Puerto Rico eran protegidos por él de las autoridades y, según la leyenda Cofresí compartía sus botines con los más necesitados, especialmente sus familiares y amistades. Era considerado como la versión "Robin Hood" de Puerto Rico.

Cofresí no había procedido nunca contra la vida ajena sin exponer la suya: probaba por lo menos, que no era un delincuente vulgar; en su conducta había una influencia de una imaginación romanesca y visionera. Era una energía extraviada...

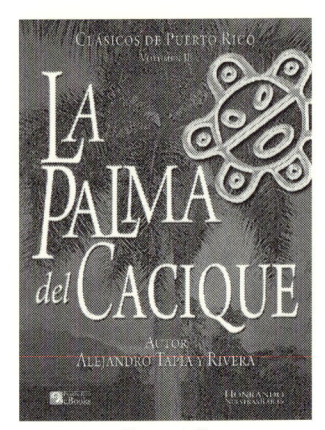

La Palma del Cacique

Volumen II
La Palma del Cacique
Alejandro Tapia y Rivera
En Cubierta Suave (paperback) - isbn: 978-1535298841

El gran cacique Guarionex sentía un gran amor por la hermosa taina Loarina. Pero este gran amor no era correspondido, pues Loarina amaba a su vez al soldado español Cristobal de Sotomayor. Al sentirse rechazado, Guarionex reta a un duelo a muerte a Sotomayor, que termina con un duelo de proporciones épicas…

La Charca

Volumen III
La Charca
Manuel Zeno Gandía
En Cubierta Suave (paperback) - isbn: 978-1535279178

La Charca, emotiva obra que denuncia la situación en que se encuentran las clases desfavorecidas en la época colonial española. El autor propone soluciones a los problemas, pero a la vez se queda todo en teorías enunciadas por los personajes ricos de la novela, sin que ninguno mueva un dedo para poner en práctica las teorías que defienden.

La sociedad de esta novela es una conformista y materialista, donde cada día empeora sin que nadie haga nada por mejorar…

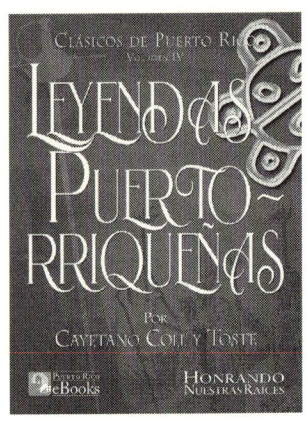

Leyendas Puertorriqueñas

Volumen IV
Leyendas Puertorriqueñas
Cayetano Coll y Toste
En Cubierta Suave (paperback) - isbn: 978-1535238335

Gran colección de algunas de las magníficas leyendas escritas por Cayetano Coll y Toste de su serie de libros Leyendas Puertorriqueñas.

Cayetano Coll y Toste nos lleva a conocer, cómo era Puerto Rico en la época colonial española y cómo era la vida de los Taínos y la de los esclavos. Sus temas principales fueron: el amor, la religión, la superstición, la piratería, el Taíno y los esclavos negros. Sus leyendas legendarias empiezan con la Colonización, recreando las proezas y amoríos de los Conquistadores y terminan en el siglo XIX, en el cual vivió.

Costumbres y Tradiciones de Puerto Rico

Volumen V
Costumbres y Tradiciones de Puerto Rico
Manuel Fernández Juncos
En Cubierta Suave (paperback) - isbn: 978-1535293204

Este es un libro muy jocoso que habla de nuestras costumbres, tradiciones y situaciones, que no han cambiado, en nuestra vida diaria, que a pesar de los años de publicado, todavía las vemos hoy. Hemos decidido volver a hacer este libro porque creemos que este trabajo es muy importante para nuestra cultura.

Por ejemplo las que leeremos en la narración "EN LA PUERTA DE LA IGLESIA". ¿Quien no lo ha hecho? No solo en las puertas de la iglesia, sino en diferentes lugares.

En "LAS FIESTAS DE CRUZ" hemos visto estas situaciones en diferentes actividades, donde gozamos con las ocurrencias de varios invitados, ¿pero, y si nos ha pasado a nosotros?

La narración "LA GARITA DEL DIABLO" es única. Los invitamos a leerlas todas. Manuel Fernández Juncos explica a manera de relatos, con jocosidad y con lujo de detalles en este trabajo esas "COSTUMBRES Y TRADICIONES".

Cuentos y Narraciones de Puerto Rico

Volumen VI
Cuentos y Narraciones de Puerto Rico
Manuel Fernández Juncos
En Cubierta Suave (paperback) - isbn: 978-1535328319

Manuel Fernández Juncos nos lleva por un delicado y profundo estudio del corazón en estas obras.

Cómo por ejemplo la ilusión de "EL PRIMER IDILIO", el gran amor de una madre en "AL REDEDOR DE UNA CUNA" y en "TRIUNFAR DESPUÉS DE MORIR". El amor puro y verdadero en "LAS BODAS BLANCAS".

Y no puede faltar la jocosidad en "EL RETRATO DE JUAN CINTRÓN", "LAS PÍLDORAS DE MURCIA" y "LA SERENATA".

Hemos vuelto a publicar este libro porque creemos que este trabajo es muy importante para nuestra cultura. Los invitamos a que disfruten todas estas lecturas, son magníficas.

Hermosos Poemas Clásicos de Puerto Rico

Volumen VII
Colección de Hermosos
Poemas Clásicos
de Puerto Rico
En Cubierta Suave (paperback) - isbn: 978-1535344685

Puerto Rico es un refrescante manantial de Poetas, Escritores, Autores, Pintores, Artistas que nos llenan el alma de estas frescas corrientes de melodías. Estos Hermosos Poemas de Puerto Rico están dedicados a la Patria, al Pueblo, al Amor, a la Belleza de la Mujer Puertorriqueña.

Los invitamos a que sientan ese gran universo de sentimientos que estos grandes poetas nos dejaron plasmados en sus escritos.

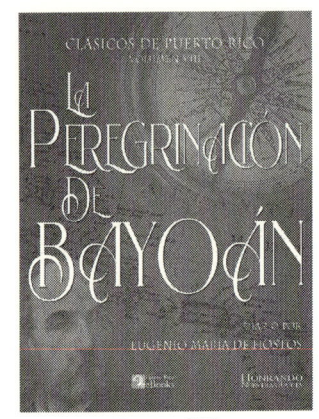

La Peregrinación de Bayoán

Volumen VIII
La Peregrinación de Bayoán
Eugenio María de Hostos
En Cubierta Suave (paperback) - isbn: 978-1535296670

Novela a modo de diario que escribió Eugenio María de Hostos, es una revisión de las ideas románticas de la época en que se publicó (1863). Excelente documento para entender los pensamientos sociales y políticos de Hostos. Donde Hostos sueña con un mundo mejor, mostrando sus propias vivencias, una búsqueda de su identidad.

Tal como el mismo Hostos dice en su prólogo:

"Este libro, más que un libro, es un deseo; más que deseo, una intención; más que una intención, es sed.

Sed de justicia y de verdad. Intención de probar que hay otra dicha mejor que la que el hombre busca. Deseo de que el ejemplo fructifique"

José De Diego ~ Hermosos Poemas

Volumen IX
José De Diego
Hermosos Poemas
En Cubierta Suave (paperback) - isbn: 978-1535359252

Sus poemas son un viaje desde el corazón a la Patria, al Amor, a los Recuerdos. Su pasión y su amor a Puerto Rico se demuestran en lo extenso de su obra..

El Gíbaro

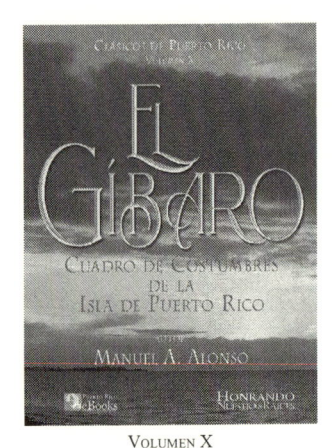

Volumen X
El Gíbaro
Manuel A. Alonso
En Cubierta Suave (paperback) - isbn: 978-1535312288

El Gíbaro, obra pionera en la literatura de Puerto Rico, ha sido comparada por algunos estudiosos con el Poema de Mío Cid de España y el Martín Fierro de Argentina.

Esta obra en prosa y verso presenta estampas de las costumbres del campesino del País, incluido el modo de vestir, la música y la vida diaria. Utilizando al jíbaro como modelo, Alonso intenta describir aquellas características que definen la identidad puertorriqueña. En estos relatos, Alonso también recrea la lengua campesina isleña: el vocabulario, la pronunciación, la sintaxis, etc.

Esta obra fue aclamada de forma casi inmediata por críticos y lectores como la primera muestra del costumbrismo antillano, iniciadora de una literatura propiamente puertorriqueña, capaz de presentar numerosos rasgos autóctonos que, sin renegar de sus claras influencias españolas ni de ciertos aspectos compartidos con el costumbrismo de otras regiones hispanoamericanas, permitían ya hablar de una literatura puertorriqueña propiamente dicha.

Terrazo

Volumen XI
Terrazo
Abelardo Díaz Alfaro
En Cubierta Suave (paperback) - isbn: 978-1535578066

Terrazo, colección de historias cortas puertorriqueñas publicadas por primera vez en el 1947 que ilustran la vida en el campo durante el alza de las industrias azucareras americanas.

Mucho tiene que decir la obra sobre el sufrimiento general del trabajador y jíbaro del campo, aplicando el énfasis en la comunidad de color y en la perdida general de una patria. Terrazo es un libro que se inclina a la representación realista, y cruda, de lo que ocurrió en nuestra isla a mediados del Siglo 20.

Estas historias son refrescantes y muy necesitadas para balancear un poco el contenido del libro ya que una y cada historia de este libro deja sus mensajes claros y nos enseña que desde hace mucho, hemos estado sufriendo la pérdida perpetua de una patria.

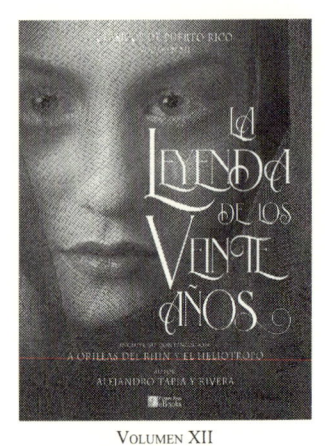

La Leyenda de los Veinte Años

Volumen XII
La Leyenda de los
Veinte Años
Alejandro Tapia y Rivera
En Cubierta Suave (paperback) - isbn: 978-1537065649

LA LEYENDA DE LOS 20 AÑOS, una de las novelas más intensas y a la misma vez más románticas y sentimentales escrita por Don ALEJANDRO TAPIA Y RIVERA, Muy cerca de los cincuenta años, Tapia recordará con nostalgia su tormentosa juventud.

El Heliotropo

Volumen XIII
El Heliotropo
Alejandro Tapia y Rivera

El Heliotropo, narración corta pero muy emotiva y sentimental la cual nos conduce a un viaje a nuestros sentimientos más profundos. El corazón, ¿será como la flor de Heliotropo?… De ángel tenía la sonrisa hermosa y de tierna paloma el corazón...

Leyendas Americanas

Volumen XIV
Leyendas Americanas
José Güell y Renté
En Cubierta Suave (paperback) - isbn: 978-1535331968

Leyendas escritas por el gran autor José Güell y Renté que relatan la conquista de Kiskeya, Ayiti, Veragoa y las otras regiones del Caribe desde la perspectiva de los caciques Guacanajarí, Anacaona y Quibiam.

Varios siglos han pasado desde sus muertes, pero la onda de los siglos han detenido su interminable movimiento, y en las eternas noches ha penetrado el rayo divino de la inspiración, para inmortalizar la historia de los desventurados reyes de Kiskeya, Ayiti y de Veragoa y la generación infeliz de sus valientes tribus. El canto de estos valientes lo escuchará el mundo, y durará para siempre, mientras el sol alumbre la tierra…

UNA TEMPORADA PARA TODO

UN DIARIO DE ORACIÓN Y DEVOCIÓN.
EL COMPAÑERO PERFECTO PARA
TU ADORACIÓN INDIVIDUAL Y TU DIARIO VIVIR.
UNA GRAN GUÍA PARA AYUDARTE A CAMINAR CON DIOS Y FORTALECER TU FE.
EL TEXTO DIARIO TE AYUDARÁ A COMENZAR CADA DÍA CON ALIENTO, FUERZA,
MOTIVACIÓN Y DECISIÓN.
DISPONIBLE EN AMAZON
EN CUBIERTA SUAVE (PAPERBACK)- ISBN: 9798442401219
EN CUBIERTA DURA (HARDCOVER)- ISBN: - 9798419698956

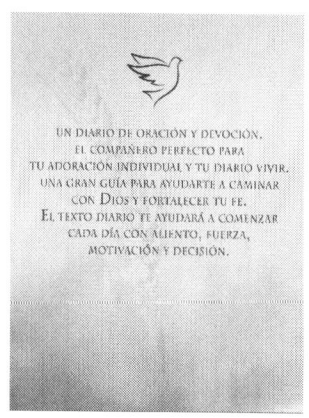

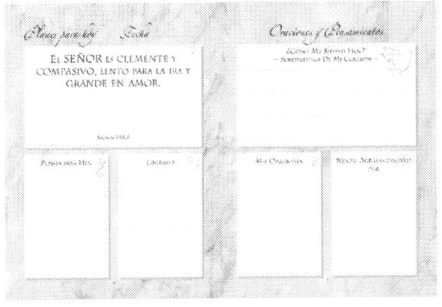

Con espacio suficiente y cómodo para que puedas escribir tus planes, ideas y pensamientos